KB066101

여자, 결혼은 안 해도 집은 사라

여자의 인생을 책임지는 똑똑한 내집마련 다이어리

여자, 결혼은 안 해도 집은 사라

여자의 인생을 책임지는 똑똑한 내집마련 다이어리

초판 1쇄 발행 | 2007년 8월 20일
초판 4쇄 발행 | 2007년 10월 12일

지은이 | 천 명
펴낸이 | 김선식
펴낸곳 | (주)다산북스
출판등록 | 2005년 12월 23일 제313-2005-00277호

PM | 신현숙
기획편집1본부 | 최소영, 임영묵, 박경순, 선우지운, 신혜진, 정지영, 김계옥, 김상영
기획편집2본부 | 배소라, 이선아, 유경미, 박호진, 박혜진
마케팅본부 | 유민우, 곽유찬, 이도은, 민혜영, 박고운
광고·홍보팀 | 서선행, 김다우
인터넷사업팀 | 우재오
저작권팀 | 이정순
디자인팀 | 이동재
경영지원팀 | 방영배, 허미희, 김미현, 이경진
외부스태프 | 본문 김수미, 표지 류승인

주소 | 서울시 마포구 염리동 161-7 한청빌딩 6층
전화 | 02-702-1724(기획편집) 02-703-1723(마케팅) 02-704-1724(경영지원)
팩스 | 02-703-2219
전자메일 | dasanbooks@hanmail.net
홈페이지 | www.dasanbooks.com
필름출력 | 엔터
종이 | 신승지류유통
인쇄·제본 | 주식회사 현문

값 12,000원
ISBN 978-89-92555-39-5 03320

잘못 만들어진 책은 본사나 구입하신 서점에서 교환해 드립니다.
이 책은 저작권법에 의하여 보호를 받는 저작물이므로 무단 전재와 복제를 금합니다.

여자, 결혼은 안 해도 집은 사라

여자의 인생을 책임지는 똑똑한 내집마련 다이어리

똑똑한 내집마련이 여자의 인생을 책임진다

사람들은 누구나 부자가 되길 꿈꾼다. 당신과 나를 포함한 세상 사람들 모두 풍요롭고 행복한 현재와 미래를 꿈꾸고 있고, 부유한 생활을 누리길 소망한다. 부는 속박으로부터 벗어나 '행동할 수 있는 자유'를 창조한다. 또한 부는 '하나님이 우리 인간에게 주신 당연한 권리'이다.

하지만 부를 향한 방향성을 잘 포착한 사람들만이 부자가 되고, 자신의 길을 알지 못해 우왕좌왕하는 사람들은 부자가 되지 못한다. '대박 인생'을 꿈꾸는 많은 사람들이 주식이나 부동산에 모든 것을 걸었고 그로 인해 대한민국은 주식열풍과 부동산광풍으로 몸살을 앓았지만, 소수의 사람들만이 주식으로 대박이 났고 소수의 사람만이 땅으로 부자가 되었다.

그렇다면 당신은 어떻게 부자가 될 수 있을까? 아니, 질문을 바꿔보도록 하겠다. 가장 빠르게 부자가 되는 방법은?

저축?

좋은 직업?

내집마련?

주식?

땅?

모두 옳다. 하지만 세계최고의 부자들은 부자가 되기 위한 가장 우선적인 초석으로 '내집마련'을 꼽았다. 당신은 부자가 되고 싶은가? 그것도 가장 빠르게? 그렇다면 절실하게 내집마련을 원하라. 그리고 내집마련을 하라. 그것이 부자가 되는 첫 번째 관문을 통과하는 길이고 당신을 부자로 만들어줄 지름길이다.

혹자는 이렇게 말한다.

"꼭 집을 사야 하나요? 어차피 죽으면 내 것도 아닌데, 평생 전세로 살면 안 되나요? 요즘은 임대아파트도 쏟아지는 물량을 주체할 수 없다던데?"

그러나 전세, 임대아파트에 대한 환상은 이미 98년도 직후 깨졌다. 우리나라가 가장 어려웠던 시기, 3대가 지나도 그 빚을 못 갚을 거라던 무거운 채무가 있던 바로 그 시기 직후에 말이다. IMF를 겪은 이후, 신문과 방송에서는 '앞으로는 평생 전세 시대' 라며 연일 집값 폭락에 관한 기사와 뉴스를 보도했고 집은 절대 사지 말아야 할 것으로 인식되었다.

그러나 평생 전세 시대가 열릴 것이라고 예견했던 신문들의 말은 현재까지 실현되지 않았다. 그리고 집값이 앞으로 계속 폭락할 것이라고 예견한 전문가들은 그 후 자신의 말을 입증하지도 못한 채 금세 방향을 선회해 내집마련을 부르짖고 있다.

그렇다면 당신은 왜 내집마련을 해야 한다고 생각하는가?

민혜는 평생 월세나 전세로 살 생각을 가지고 있었다. 혹은 서민을 위한 임대아파트도 괜찮다고 했다. 자신은 집을 살 필요도 못 느끼고 집을 장만할 돈도 없다는 것이다.

그러나 정부에서 짓는 서민들을 위한 임대아파트조차도 주택공사가 매년 보증금과 임대료를 5%씩 자동인상한다. 더욱이 월세로 나가는 임대료도 그다지 낮은 금액이라고 볼 수는 없다. 오히려 감당할 수 있는 만큼 대출을 안고 집을 샀을 때보다 비용이 더 많이 발생할 수 있다.

나는 민혜에게 "임대아파트와 전·월세에 사는 것은 정부나 집주인 배만 불려주는 일"이라며 두 시간 동안 열변을 토하며 설득했지만 여전히 임대아파트에 대한 환상에서 벗어나지 못했다. 민혜는 남 밑에서 피땀 흘려 일해서 번 돈을 집주인, 혹은 임대주에게 주느라고 자신의 재산 불리는 건 생각지도 않는 것이다.

몇 달 뒤 만난 민혜. 치솟는 집값과 함께 인상된 전세금을 낼 수 없어 집을 빼야 할 상황이라고 했다. 한 번에 목돈인 추가 전세금을 어떻게 내냐며 집주인에게 항변했건만 소용이 없었다. 게다가 이사 가겠다고 했더니 도배, 장판, 싱크대까지 다 일일이 검사해 도배비까지 물었다고 억울해했다. 그동안 집을 살 필요가 없다던 민혜는 그 일로 상심이 컸던지 만나기만 하면 집타령이다.

민혜와 마찬가지로 보통 사람들은 '내집마련을 할 수 없는 이유'를 아주 확실하게 이야기한다.

"지금은 돈이 없어."
"집을 사면 내야 할 세금이 무서워."
"난 내집마련보다 투자를 먼저 하고 더 큰돈을 벌 거야."
"복잡한 건 딱 질색이야. 편한 월세나 전세가 낫지."
"난 직장이 뚜렷하지도 않은걸."
"집은 남자가 사는 거야. 여자가 왜 내집마련을 해?"

당신에겐 어떤 이유가 있는가?
이제 당신을 방해하는 그 지겨운 변명들을 하나하나 파헤쳐보 겠다.

첫 번째, 지금 당장 돈이 없어도 집은 사야 한다. 매달 월세를 내고 사는 건 단순한 지출이고 전세에 사는 건 자산 증가의 기회 를 상실하는 것이다. 일단 내집마련을 결심하면 뚜렷한 목적이 있기 때문에 절약하고 저축하게 되어 더 빠르게 종자돈을 모을 수 있다.

그리고 종자돈과 감당할 수 있을 만큼의 대출로 집을 산다면 대출금을 갚기 위해서라도 허리띠를 졸라 매고 살게 될 것이다. 이 과정에서 대출은 지출을 통해 자산을 창출하는 것과 마찬가지다. 돈이 없다고 핑계 대지 말아라. 적은 돈으로도 자신의 상황에 맞게 눈높이만 맞추면 적합한 곳이 있다.

두 번째, 집을 사면 내야 하는 각종 세금-재산세, 종합부동산세, 국민건강의료보험료, 국민연금-이 늘어난다 해도, 내집을 마련함으로써 나 자신과 가족이 편안함과 안정감을 가질 수 있다. 각종 세금을 더 내는 것에 떨지 말고 자기 자산이 불어나지 않는 것에 관심을 가져라. 내집마련을 하지 않으면 집을 소유한 대가로 내야 하는 세금을 내지 않는 대신, 전세 입주 때마다 들어가는 복비와 이사비용, 수리비용, 기타 부대비용을 세금 못지않게 내야 한다. 그러나 무엇보다 자신의 집이 아닌 전세를 살았을 때 겪는 생활의 불편함을 생각해보라.

세 번째, 집보다 투자를 먼저 하겠다는 생각이 들지도 모르겠다. 그러나 월가의 황제였던 피터 린치도 이렇게 말했다.

"내집마련을 하기 전엔 주식을 하지 말라!"

투자는 반드시 내집마련이 선행된 후에 해야만 한다. 재테크의 1차 목표는 투자에 성공하는 것보다 안정된 기반과 초석을 주는 내집마련이 되어야 한다.

　네 번째, 복잡한 게 질색이라고? 내집마련은 의외로 간단한 절차이다. 당신은 물건을 고르듯이 당신이 원하고 당신의 재정에 맞는 집을 사면 된다. 정말 월세나 전세가 편할까? 결코 아니다! 월세나 전세는 주인의 말에 따라 당신이 움직여야 한다. 당신은 집에 대한 아무런 권리 없이 이리저리 옮겨 다녀야 하는 신세이다. 남의 손에 당신과 당신 가족의 운명이 좌지우지되기를 원하는가?

　다섯 번째, 직장이 뚜렷하지 않다고 해서 내집마련을 미룬다면 내집마련은 평생 할 수도 없다. 왜 미래의 불확실성과 확실한 현재를 맞바꾸려하는가?

　여섯 번째는 내가 이 책을 쓴 가장 중요한 이유다.
　'집은 남자가 사는 것'이라 생각하고 내집마련에 대한 관심을 갖지 않는 것은 자신의 인생에 책임을 지지 않는 것과 같다. 여자라고 해서 집이 필요하지 않은 것은 아니다. 오히려 내집마련은 여자들에게 더 필요하다. 결혼하지 않은 싱글 여자들에게, 결혼한 기혼의 여자들에게, 그리고 돌아온 싱글들에게도.
　내집마련은 왜 여자에게 더 필요한 것일까? 그것은 결혼이 모든 걸 해결해주지 못하기 때문이다. 요즘은 정년이 예전보다 더

9

빨라지고 있고 평생직장의 개념이 없어져 여자들이 일할 수 있는 기간이 짧아졌다. 또 여자는 남자보다 평균수명이 길어 언제든지 혼자 살 위험에 노출되어 있다. 남자가 내 인생을 책임져줄 수 없기 때문에, 여자 스스로 자신의 미래를 준비해야 한다.

여자의 힘과 권리가 많이 상승된 사회라고 하지만 아직도 사회는 여자에게, 특히 미혼의 여자에게 많은 장벽으로 가로막혀 있다.

여자에게 내집마련은 안전함과 경제적 자유를 줄 수 있다. 그러나, 모든 집이 그런 가치를 주는 건 아니다. 이 책은 내집마련을 해야 하는 수많은 여자들에게 안전함과 경제적인 가치를 모두 잡을 수 있는 똑똑한 내집마련의 방법을 알려주고자 씌어졌다.

이 책에서 말하는 여섯 가지 원칙을 바탕으로 자신이 원하는 집, 즉 목표를 시각화하고 그에 맞춰 종자돈을 모으고 실전 요령을 습득한다면 누구나 최고의 내집마련을 할 수 있을 것이다.

2007년 8월
천 명(내 인생을 바꾸는 재테크)

여자, 결혼은 안 해도 집은 사라

내집마련 5단계

내집마련 방법과 계약하기 ·
마무리까지 완벽해야 뒤탈이 없다

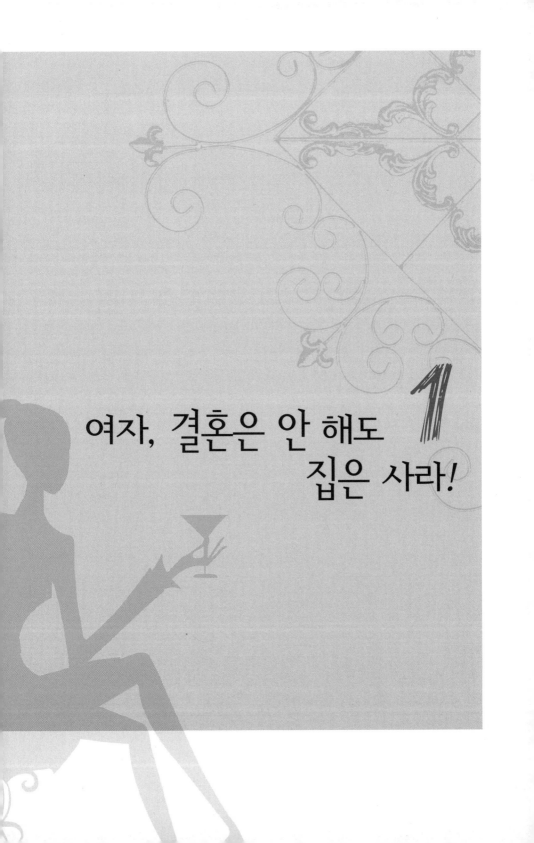

여자, 결혼은 안 해도
집은 사라!

결혼이 모든 걸 해결해주지는 않는다

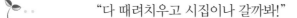 "다 때려치우고 시집이나 갈까봐!"

직장생활이 힘들 때 싱글 여자들이 내뱉곤 하던 말이다. 물론
이 말 뒤엔 남편이 벌어다주는 돈으로 살림하면서 직장생활 스트
레스 안 받고 살겠다는 의미가 숨어 있다. 하지만 아주 능력 있고
돈 많은 남자를 만나지 않는 이상 이런 생각은 기대일 뿐이다. 혹
그런 일이 실제로 벌어졌다 해도, 누군가에게 의지해서 유지하는
삶은 그리 행복하지만은 않을 것이다.

결혼생활은 아직 해보지 않은 사람이 막연히 생각하는 것처럼
그렇게 만만치 않다. 전업주부를 하는 것만으로도 힘들 때가 많
은데, 더구나 요즘은 결혼을 해도 맞벌이를 해야 하는 분위기다.
또, 맞벌이를 한다 하더라도 가사와 육아 등 집안일의 절반을 맡
아서 하는 남편은 가뭄에 콩 나듯 있는 수준이다.

2006년 서울시에서 실시한 사회통계조사 결과에 따르면 서울

남성 열 명중 세 명은 남편과 아내의 역할분담이 공평하게 이루어져야 한다고 생각하지만, 실제로 가사분담을 공평하게 하는 경우는 한 명도 되지 않는 것으로 나타났다. 그러니 요즘 세상에 여자들은 맞벌이와 가사, 육아뿐만 아니라 내조에 경조사까지, 결혼 전에 하던 것보다 실제로 몇 배의 일을 더 해야 하는 울트라 슈퍼우먼이 되어야 한다.

이렇게 결혼생활이 만만치 않다는 것을 잘 알고 있는 요즘 20~30대 싱글 여성들은 결혼에 대한 생각이 예전보다 많이 자유롭다. 요즘 싱글은 꼭 예전처럼 '독신'을 고집하는 사람들을 뜻하진 않으며 '좋은 사람을 만나면 결혼할 수도 있지만 잘 맞는 배우자가 없다면 혼자 살 수도 있다'는 마인드를 가지고 있다. 또 높은 이혼율로 인해 생겨난 '돌싱(돌아온 싱글)', 고령화로 인한 싱글들도 이에 포함될 수 있다.

통계청의 '인구·주택 총조사결과'에 따르면 지난해 11월 전국 20~39세 남녀(외국인 제외) 1554만 명 중 미혼자는 788만 명으로 50.7%를 차지해 5년 전인 2000년(43.1%)보다 7.6% 포인트 높아졌다. 특히 결혼 적령기인 25~29세 여성의 미혼률은 59.1%로 5년 전(40.1%)에 비해 무려 20% 포인트 가까이 올라갔다. 30~34세 남성의 미혼율도 41.3%로 5년 전(28.1%)에 비해 13.2% 포인트 증가했다.

〈경향신문〉 2006년9월11일자

통계청의 조사결과뿐만 아니라, 2006년 12월 KBS 뉴스에서도 결혼에 관해 부정적인 견해를 가지고 있는 싱글 여성의 비율이 전체 싱글 여성의 약 52.5%로 집계되었다고 보도했다. 이런 추세로 보아 앞으로는 결혼을 하지 않고 지낼 여자들의 비율이 더 많아질 전망이다.

이제 '결혼=도피'라는 등식은 더 이상 성립하지 않는다. 자기가 하고 싶은 일을 하면서 당당하게 살고 싶다면 결혼을 해도 스스로 생계를 유지할 수 있을 정도의 능력을 갖추어야 한다. 만약 결혼을 하지 않을 생각이라면 더더욱 혼자 살기 위한 안전장치로서 경제적 능력을 갖춰야 한다.

오래 살 '위험'에 대비하라!

통계청 자료에 따르면 2007년 대한민국 남자의 평균수명은 78.63세, 여자의 평균수명은 81.8세, 통합 평균수명은 80.22세로 우리나라 사람이 세계 평균수명인 65.4세보다 약 15년을 더 오래 산다고 한다. 80세뿐이겠는가? 앞으로 2020년경부터는 대한민국이 초고령화 사회에 들어가 '수명 100세 시대'가 열린다고 한다.

오래 사니 축복이라고? 물론 오래 행복하게 사는 건 축복이다. 그러나 소득이 없다면 오래 사는 것은 축복이 아니라 '저주'일 수 있다. 수명은 늘어나는데 생계를 해결하기 위한 고용문제는 불안하기 짝이 없으니 말이다.

이태백(20대 태반이 백수), 삼팔선(38세가 되면 고용불안을 느끼고), 사오정(45세가 되면 정년퇴직이며), 오륙도(50~60세가 되어서도 회사를 다니면 도둑)라는 말이 괜히 나왔겠는가.

그러면 돈을 벌지 않는 나머지 기간은 어떻게 살아야 할까?

나이가 젊을 때는 자기의 능력을 이용해 몸값을 높이고 경제력을 가질 수 있다. 그러나 나이가 들면 자기 몸을 이용해 소득을 얻는 경제력을 가지기는 힘들다.

보통 20대 후반에 사회에 첫발을 내딛는다고 봤을 때 직장생활을 지속적으로 할 수 있는 기간은 대개 30년을 채 넘기지 못한다. 만약 50대에 은퇴한다고 생각하면, 남은 기나긴 인생을 어떻게 살 것인가?

수명이 80세라고 가정하고 일하지 않고 보내는 노후 기간을 약 30년 정도로 잡았을 때, 물가상승률을 고려하지 않고 한 달 생활비를 200만 원으로 잡으면 필요한 노후자금이 얼마인지 계산해 보자.

200만 원 × 12개월 × 30년 = 7억 2천만 원

7억 2천만 원, 약 7~8억이 필요한 셈이다. 300만 원으로 잡으면 약 11억, 400만 원으로 잡으면 15억 정도가 필요하다. 물가상승률과 화폐가치 하락을 감안한다면 노후에 생활자금만 15억 이상이 필요할 수 있다.

지금 하고 있는 대로 직장생활 열심히 하고, 적금 붓고, 퇴직하면 연금 받고, 그렇게 해서 편안한 노후를 보장받을 수 있을까?

인생은 예측할 수 없는 일들의 연속이다. 지금 한 달에 얼마씩

저축 계획을 세우고, 몇 년 후에는 얼마, 또 몇 년 후에는 얼마를 모으겠다는 목표를 갖고 있어도 그 사이에 사고 한 번 나고, 집안에 누가 아프기라도 하면 계획은 언제 흐트러질지 모른다.

또 대부분의 경우 40대 중반에서 50대만 넘어가도 저절로 뼈마디가 쑤시고 몸이 아프다. 나이가 들면 몸이 병들어 병원비와 약값도 쏠쏠히 나가고 품위유지비, 자녀 교육비, 자녀 결혼비용 등도 필요하다. 이런 저런 목돈을 나 세하고 나서 남은 돈으로 순수 노후대비용으로 15억을 모을 수 있을까? 한번 계산해보라. 아마 쉽지 않을 것이다.

부동산 없이 10억은 어렵다

🌱.. 많은 사람들이 이런 어려움을 알기 때문에, 자기가 버는 돈보다 많이 모으고자 투자를 한다. 그러나 주식, 채권, 펀드, 적금, 연금 등의 다양한 방식으로 분산투자를 한다 하더라도 평범한 사람에게는 10억을 만들기도 쉬운 일이 아니다. 예를 들어보자.

■■■ 중소기업에 다니는 32세 혜진 씨.

한 달 월급은 세금을 제외하고 250만 원선.

혜진 씨가 앞으로 일할 수 있는 기간은 20년 정도, 길어야 25년 정도다. 한 달에 150만 원을 저축해도 20년이면 3억 6천만 원, 25년이면 4억 5천만 원이다. 결혼을 해서 맞벌이를 하여 두 배를 모아도 겨우 9억, 퇴직금 포함해서 10억 남짓을 모은다 해도 그 사이에 생길 변수들을 고려한다면 그마저도 힘들다.

물론 일하는 동안 급여는 계속 오르고 저축 금액도 늘어날 수 있다. 또 펀드에는 '복리'라는 것이 있어 오랫동안 꾸준히 투자하고 적정 이율을 유지할 수만 있다면 투자금액의 몇 배를 얻을 수도 있다.

또 누군가는 적당한 시기에 장사를 해서 돈을 더 많이 벌 수 있다고 말할 것이다. 그러나 계획한 대로 그렇게 되면 좋겠지만, 높은 수익에는 그만큼 높은 위험도 따르는 법이며, 장사를 해서 월급쟁이보다 더 많은 수익을 얻기는 생각만큼 쉽지 않다.

그렇다면 '수익률은 높으면서 위험도는 낮은 투자'는 없는 걸까? 물론 있다. 바로 '내집마련'을 하는 것이다. 혹자는 부동산 투기를 조장하는 것이라 말할 수도 있지만, 나는 절대 집을 여러 채 가지라고 하지 않는다. 생활의 안식처로서 어차피 있어야 할 집이라면 나를 위해, 혹은 나의 가족을 위해 좀 더 편안한 곳으로 마련해야 할 필요가 있다는 말이다.

나의 편의를 위해 까다롭게 고른 집은 다른 사람들에게도 좋은 집이 될 것이며, 그런 집은 시간이 갈수록 가치가 높아진다. 좋은 집은 집값이 오르는 속도가 다른 투자에서보다 훨씬 빠르다.

또한 화폐가치는 시간이 지날수록 떨어지지만 좋은 집의 가치는 시간이 지날수록 화폐가치가 오르는 것 이상으로 올라간다.

특히 우리나라처럼 땅덩어리가 좁은 곳에서는 부동산의 가치가 높다. 또 부동산은 하방경직성이 강해 한번 올라가면 껑충 뛰지만 내릴 때는 크게 내리지 않는다.

　내집, 즉 부동산이 있으면 10억은 그리 어렵지 않다. 또한 노후에 현금 자산이 남아 있지 않아도 역모기지 제도를 활용하여 집을 담보로 생활이 가능하다. 그때 그 집이 어느 정도의 가치를 가지느냐에 따라 노후 생활이 달라질 수 있다.

　물론 모든 집이 다 가치가 오르는 것은 아니다. 어떤 집은 10년이 지나도 그 가격 그대로다. 투자 관점에서 본다면 그런 집을 사는 건 손해 보는 투자를 하는 셈이다. 물가는 올랐는데 집값은 그대로니 물가가 오른 만큼 손해인 것이다. 기왕 있어야 할 집이라면 좀 더 까다롭게 고르고, 노후까지 책임질 수 있는 집을 사야 하지 않을까?

혼자 살수록 더 필요한 내집마련

젊은 세대들에게 재테크가 하나의 화두가 되었지만, 아직도 결혼하지 않은 여자에게 '내집마련'은 시기상조로 받아들여진다. 집은 결혼하면서 혹은 결혼 후에 장만하는 것이라는 고정관념을 갖고 있기 때문이다.

또 지금 당장 집을 살 만한 돈이 없다는 문제도 있다. 그러나 꼭 큰돈이 있어야만 집을 살 수 있는 건 아니다. 마음만 먹으면 5천만 원으로도 집은 살 수 있다.

그러나 잠재적 기혼자가 될 싱글 여자들은 대부분 돈을 모으는 목적이 '결혼자금 마련'이지 자신의 미래를 위해서라거나, 내집을 마련하기 위한 것은 아니다.

인생에서 결혼은 옵션일 뿐이라는 요즘 20~30대 여자들의 주장대로라면, 이런 생각은 매우 위험한 것이다. 결혼을 할지 안 할지 모르는 불확실한 상황이라면 오히려 더 자신의 경제력을 가져야 하고 내집마련에 혈안이 되어야 한다.

■■■ 32세 싱글 회사원 김아진. 전주가 고향인 아진이는 서울에서 소위 잘나가는 직장을 다니고 있다. 현재 거주하고 있는 원룸은 16평형에 웬만한 가전과 가구가 빌트인built-in으로 갖춰진 곳이다. 게다가 역세권이어서 교통도 편리하다. 집 주위에 단란주점, 모텔 등 유흥업소가 즐비해 혼자 사는 여자로서 신경이 쓰이긴 하지만, 그래도 이 정도 가격에 이런 집에 살려고 하면 이 정도는 감안해야 하지 않느냐고 합리화한다.

아진이는 보증금 2천만 원에 매달 30만 원씩 월세를 낸다. 월세가 아까워서 전세를 구하려고 이리 저리 알아보기도 했다. 그러나 전세난이 심각해 찾기가 쉽지 않았고, 그나마 있는 전세는 지금 사는 곳보다 허름해서 옮기기가 망설여졌다.

아진이와 같은 싱글들에게 가장 중요한 문제는 '안정성'과 '돈'이다. 여자들은 아무 데나 거주하기가 힘들기 때문이다. 유흥업소가 있다거나 모텔 등이 위치한 곳은 왠지 다니기가 꺼림칙하고 후미진 골목을 거쳐야 하는 집은 밤늦게 다니기에 불안하다.

또 전세가 아닌 월세로 집을 얻었을 때 한 달 임대료로 적게는 20만 원에서 많게는 60만 원까지 낼 수도 있다. 냉정하게 얘기해서 월세를 내고 사는 것은 일종의 소비다. 그것도 현명한 소비가 아니라 쓸데없는 소비라고 볼 수 있다.

'화려한 싱글'도 결국 '집'이 필요하다. 안전을 위해, 또 자신의 미래를 위해 '내집마련'은 더더욱 싱글 여자들에게 필요하다.

2006년 통계청 사회통계조사 결과는 여자가 경제적 독립에 관심을 가져야 하는 근거를 보다 확실히 해준다.

조사 결과에 따르면 남성의 22.5%, 여성의 35.0%가 결혼을 해도 좋고 안 해도 좋은 '선택의 문제'로 생각하는 것으로 나타났다. 이혼에 내한 생각 역시 남성의 25.2%, 여성의 36.5%가 '할 수도 있고 하지 않을 수도 있다'는 것으로 나타났다.

즉 남자보다 여자 쪽에서 결혼과 이혼을 선택의 문제로 생각하는 경우가 더 많았으며 이는 곧 여자가 싱글로 살게 될 확률도 많다는 것을 의미한다 할 수 있다.

결혼이라는 제도에 대해 자유로울수록 여자 혼자서도 당당하게 살기 위한 경제적 독립이 필요하다. 여성의 권익이 많이 신장되었다고 하지만 아직 사회경제적인 많은 부분에서 미혼 여성에 대한 벽은 높으며, 이를 넘어설 수 있는 가장 현실적인 방법은 경제력이라는 사실을 잊지 말아야 한다.

★★★ 40대 중반의 독신 여성인 현미 언니. 다니던 직장을 1년 전쯤에 그만두고 현재는 부모님과 동생들에게 의지해 살고 있다. 남편도 자식도 없이 혼자 편하다고만 생각했는데 시간이 지날수록 막막해진다. 나오는 돈은 없는데 쓰는 돈은 정해져 있기 때문이다. 다시 직장을 구하려니 전문직이 아니라 딱히 내세울 것도

그림 1-1 성별에 따른 결혼 견해

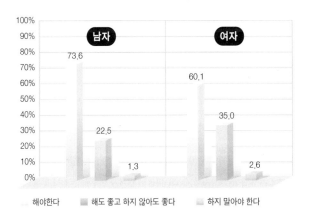

그림 1-2 성별에 따른 이혼 견해

출처: 2006 통계청 사회통계조사, KOSIS DB

29

없었고, 나이도 많아 쉽게 재취업이 되지도 않는다. 싱글일 때는 마냥 자유롭고 화려한 그 생활이 영원할 줄 알았는데 나이 들고 모아놓은 돈도 많지 않으니 눈앞이 캄캄하다.

혼자 사는 일은 그렇게 녹록치 않다. 사회 분위기가 둘보다는 혼자 사는 것이 편하다고 느끼게 만들어서이지, 실제로 혼자 산다는 것은 모든 일을 다 자신이 책임져야 함을 의미한다. 치솟는 물가와 화폐가치 하락에도 버텨야 하고, 가장 큰 문제가 되는 노후대비책도 혼자 힘으로 마련해두어야 한다. 따라서 혼자 사는 싱글들에게 집은 자식 대신 배우자 대신 들어야 하는 '책임보험'인 셈이다.

불확실한 싱글일수록 내집마련을 더욱 절실하게 원해야 한다. 평생 혼자 살 계획이라면 언제 무슨 일이 일어나도 스스로를 책임질 수 있는 안전장치로, 언제라도 결혼을 할 계획이라면 가족과 자신을 위한 삶의 터전으로 내집마련을 준비해야 한다.

결혼자금이 아니라 내집마련 자금을 준비하라

■■■ 작년 가을 결혼한 주연이는 "한 번뿐인 결혼인데 어떻게 혼수를 줄이고 예단이나 예물을 안 할 수가 있느냐?"고 하면서, 집은 전세인데 혼수는 최고급으로 구비했다. 나중에 이사 갈 때 큰 집으로 갈 거라면서, 500만 원짜리 LCD TV에 에어컨도 큰 평형용으로 두 대를 사고 나머지 가전들도 백화점에서 최고급으로 골랐다. 예물은 캐럿 단위로, 예단 비용은 천만 원 단위로, 결혼식은 최고급 호텔에서 올렸다.

그러나 정작 나중에 큰 집으로 이사를 갈 거라고 장만했던 크고 좋은 혼수들은 공간만 차지하는 애물단지가 되었다. 또 결혼할 때 돈을 너무 많이 쓴 터라 내집마련을 언제 할 수 있을지도 까마득하다.

결혼을 하게 되면 여자들은 대부분 예물과 결혼식, 혼수를 준비하느라 신경을 쓴다. 예물을 몇 세트 받았는지, 마사지 비용은 얼마나 들여야 하는지, 야외촬영은 어디서 해야 하고 드레스는 어떤 것으로 몇 번이나 갈아입어야 하는지, 가전제품은 어느 정도 수준까지 준비해야 하는지…….

하지만 우리나라에서 전통적으로 여자들이 결혼식에서 준비하는 것들은 대부분 소모적인 것들이라, 결혼식이 끝나면 아무 소용없어지거나 아니면 시간이 지날수록 그 가치가 떨어지는 것들이다.

게다가 결혼식 관련한 비용은 대부분 비싼 편이지만, 사람들은 평생에 한 번밖에 없는 추억이라는 생각에 대부분 비싼 돈을 주고서라도 남들 수준 이상으로 다 하려고 한다. 정작 결혼식이 끝나면 반지 외에는 예물을 하고 다니지도 않고, 야외촬영 앨범은 먼지가 덮이도록 꺼내보지도 않게 되는데 말이다.

극단적으로 말해 나중에 이혼이라도 하게 된다면, 여자는 나중에 남는 게 거의 없다고 봐야 한다. 남자가 전세금을 가져가버리면 여자는 쓰다 만 가전과 가구만 떠안게 되는 것이다. 재산을 분할할 때는 각자의 기여도에 따라 나누게 되는데, 혹시라도 생길지 모르는 분쟁에 대비하기 위해 혼수보다 집 장만하는 데 비용을 함께 부담하는 것이 낫다. 집을 함께 마련하고, 가구와 가전은 살면서 같이 장만해도 늦지 않다.

결혼식은 식사는 싸면서도 맛이 깔끔한 곳에서 준비하고, 예물은 서로의 마음을 확인할 수 있는 금반지 정도로 해도 충분하다.

예단은 양가 어른들께 인사를 드리는 의미이니 양해를 구하고 약식으로 해도 된다. 가구와 가전제품도 꼭 필요한 것만 살림의 규모에 맞게 구입하면 된다.

신혼 초에는 카드 값도 많이 나가고 어른 구실을 하려면 돈 나갈 구멍도 많이 생긴다. 그리고 아이라도 생기면 아이에게 들어가는 돈도 만만치 않다. 그렇게 지내다 보면 5~6년 금방이고, 아이가 학교에 들어갈 즈음이면 버는 돈 다 어디로 나가는지도 모르게 쓰게 된다. 정말 독하게 허리띠 졸라매지 않고서는 매달 일정 금액을 저축해서 내집마련 하기가 쉽지 않다. 그러니 어찌 보면 결혼할 때와 신혼 초가 내집마련을 하기에 가장 좋은 조건이라 할 수 있다.

연봉 3천만 원이 넘는 직장인들이 "1년에 천만 원도 모으기 힘들다"고 말하면서 단 하루 올릴 결혼식에는 천만 원이 넘는 돈을 아무렇지도 않게 쓴다. 이건 분명 기회비용의 낭비다. 재테크나 내집마련에 별로 관심이 없는 사람들은 이렇게 말한다.

"편하게 평생 전세 살면 되는데, 집은 뭐 하러 사? 어차피 죽으면 내 것도 아닌데. 평생 내집마련하느라 허리띠 졸라매고 스트레스 받느니 난 그냥 한 평생 즐겁게 즐기면서 살래."

편하게 전세 산다고? 그건 오산이다!
전세 계약기간이 만료되어도 전세금을 받지 못해 못 나가는 경우가 얼마나 많은지 아는가?

서울시청에 임대차분쟁 상담전화만도 한 달에 천 통이 넘는다고 하니 전세로 인한 분쟁이 사람들이 생각하는 것보다 훨씬 심각한 수준임을 알 수 있다.

여러 임차인이 소액의 전세금을 내고 살고 있는 다가구 주택의 경우, 심지어 전세가 만료된 지 2~3년이 지났는데도 주인이 전세금을 내주지 않는 경우도 있다. 전세분쟁 문제로 인한 살인사건이 뉴스에 나올 정도니 그냥 흘려들을 일만은 아니다.

내집마련에 무관심으로 일관하다간 언제 내게 이런 답답한 경우가 생길지 모른다. 세입자보호법이 있긴 하지만, 그것도 일정 금액 이상에 대해서는 보호해주지 못한다. 혹시라도 전세금을 돌려받지 못했을 경우에는 전세금 반환을 위해 직접 소송을 걸거나 내용증명 등의 조치를 취하는 복잡함도 감수해야 한다. 전세는 권리를 주장하기 위해 너무나 많은 노력이 필요하다.

꼭 이런 문제점 때문만이 아니더라도, 내집마련은 좀 더 안정적이고 편안한 삶을 위해 꼭 필요하다. 특히 요즘은 집이 '주거'의 목적만이 아니라 보다 나은 생활과 여건을 위한 '문화 공간', 또 미래의 경제적 삶을 책임질 '재테크 수단'으로서 점점 그 가치의 폭이 넓어지고 있기 때문이다.

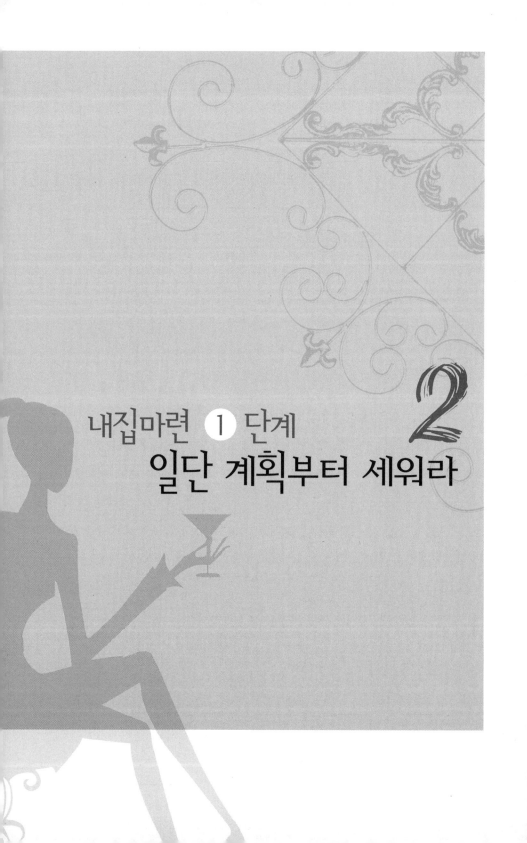

내집마련 1 단계

일단 계획부터 세워라

2

5W1H

내집마련 계획 시 꼭 지켜야 할 육하원칙

자, 이제 내집마련을 해야겠다는 필요성을 절실히 느꼈다면, 어떤 집을 언제 어떻게 사야 할지 계획을 세워야 한다. 계획이라고 해서 뭔가 거창하고 복잡한 걸 생각할 필요는 없다. 똑똑하게 내집마련을 하려면 다음 여섯 가지만 생각하면 된다.

바로 학교 다닐 때 배웠던 육하원칙 5W1H, Who · Why · What · When · Where · How 이다. **누가** 살 집인지, **왜** 사야 하는지, **어떤(무슨)** 집을 **언제**, **어디에**, **어떻게** 사야 하는지를 따져보는 것이다.

정확하고 논리적인 생각의 토대가 되는 이 육하원칙은 우리가 어떤 일을 하든지 가장 기본적으로 가져야 할 의문이기도 하다. 이러한 원칙은 단순히 투자라는 측면에서만이 아니라 자신에게 가장 적합한 집을 마련하기 위한 나침반이 될 것이다.

누구를 위한 집인가

Who

내집마련을 할 때 가장 먼저 고려해야 할 사항은 두 가지다.

첫째는 이 집에서 '누가 거주할 것인가?' 하는 것이다. 주거의 중심이 누가 되느냐에 따라 집의 위치, 평형, 방의 크기와 개수, 층수 등 많은 조건이 달라지기 때문이다.

싱글이고 앞으로도 혼자 살 경우라면 집은 단순히 '잠을 자고 나오는 곳'이 아닌 '나를 위한 휴식과 문화의 공간'이 되어야 한다. 방은 하나만 있어도 되지만 거실은 넓게 쓰고 싶을 수도 있고, 나의 취미생활을 위해 인테리어나 구조를 쉽게 바꿀 수 있는 집이 필요할 수도 있다.

결혼을 생각하고 있다면 앞으로 함께할 배우자 직장과의 근접성을 생각해봐야 할 것이다. 직장의 위치가 서로 가깝다면 다행이지만 한 명은 강남, 한 명은 일산으로 거리 차이가 많이 나는 경우라면 양쪽 모두의 출퇴근이 편리한 지점에 집을 마련해야 할 것이다.

또 집에 대한 생각, 가치관에서 차이가 있을 수 있으므로 서로 충분히 의견을 교환하고 두 사람 모두가 만족할 수 있는 집을 마련해야 할 것이다. 또한 미래의 2세를 위한 계획이 있다면 아이들을 위한 환경과 교육 등을 따져보고 집을 장만하는 게 좋다.

결혼을 했고 부모님을 부양하고 아이가 있다면 부모님 중심인지 부부 중심인지 아이들 중심인지, 명확한 중심 대상을 정하고 집을 골라야 한다. 부모님이 중심이라면 건강을 위해 쾌적한 환경을 우선적으로 생각해야 할 것이고, 부부가 중심이라면 직장과의 근접성이 좋은지, 생활편의시설이 잘 갖추어져 있는 곳인지를 봐야 할 것이며, 아이들이 중심이라면 안전한 환경과 교육 여건을 따져야 하기 때문이다.

그 다음은 '누가 주도하여 집을 살 것인가' 하는 점이다.

내집마련이 누구에 의해 이뤄지느냐에 따라 내집마련의 '질'이 달라지기 때문이다.

흔히들 집 장만은 남자가 하는 것이라고 생각한다. 결혼을 할 때 전통적으로 남자들이 집을 마련하고 여자는 혼수를 준비해왔기 때문이다. 그러나 사실 집은 남자보다 여자가 주도하여 마련하는 것이 투자가치 면에서 훨씬 좋다. 왜냐고?

일단 여자들은 외형적으로 보이는 집의 조건을 세밀하고 깐깐하게 살펴본다. 교육환경은 어떤지, 살기엔 안전한지, 병원과 쇼핑할 곳은 어디에 있는지, 출퇴근 시간은 얼마나 걸리는지…… 하나하나 따져보고 결정을 하는 것이다. 이런 세세한 기준과 안목이 결국 '집의 내재가치와 미래가치'를 판단하는 기준이 되는 것이다.

반면 남자들은 돈이 얼마나 모자라는지, 연봉이 내년엔 얼마쯤 될지, 내집마련을 진짜 할 수 있을지의 여부와 신축 건물인지 아닌지 등의 기술적 분석을 하고 집의 외형을 보며 열심히 계산기만 두드린다.

여자들은 본능적으로 집을 고르는 탁월한 감을 타고났음에도 불구하고 우리 사회의 분위기 때문에, 여자와 집은 관계가 없는 것으로 생각하는 경우가 많다. 결혼을 할 때도 그렇듯 '집은 남자가 마련하는 것'으로 되어 있는 것이다.

결혼을 해도 작은 규모의 경제, 즉 생활 씀씀이를 아끼고 절약하는 부분은 여자가 주도적으로 하지만 투자를 하거나 집을 사거나 하는 등의 큰 규모의 경제활동은 남자들이 주도적으로 하는 경우가 많다. 이런 분위기에 길들여져 자신의 능력과 감각을 써보지도 않고 스스로를 과소평가하는 여자들도 많다.

"내집마련은 아무나 하는 게 아니야."

"몇 억이 왔다 갔다 하는 큰 계약을 나 혼자서 어떻게 해."

"살림만 하니까, 어떤 집이 투자가치가 있는지 나는 잘 몰라."

"재개발이니 재건축이니, 난 그런 거 듣기만 해도 머리 아프더라."

그러나 투자가치 있는 집을 고르는 안목에 특별한 노하우나 지식이 필요한 건 아니다.

사실 내집마련을 하는 데 있어서 여자들은 아주 뛰어난 '감'을 갖고 있다. 마트에서 물건을 고를 때처럼, 가장 좋은 물건을 가장 합리적인 가격으로 사기 위해 이런저런 조건들을 모두 따져보는 깐깐함이 좋은 집을 고르는 데 있어서도 결정적인 역할을 하는 것이다.

또한 겉으로 보이는 조건들뿐만 아니라 때로 여자의 육감이라는 것도 중요하게 작용하기도 한다. 여자들은 조건이 월등하고 뛰어나게 좋은 집이라도 '느낌'이 없거나 '감'이 안 좋은 집은 사고 싶지 않다고 한다. 후배 민선이도 집을 살 때 남편은 "위치도 좋고 보통 매물보다 5천만 원 이상이나 싸다며 계약하자"고 했지만 "느낌이 스산하고 불길하다"며 사지 않은 집이 있다고 했다. 나중에 알고 보니 그 집은 우울증에 걸린 여자가 자살을 한 집이었다.

대부분 '본능과 감'에 이끌린 여자들의 판단은 정확하다. 지나고 보면 여자들의 '감'이 내집마련을 위해 자료수집과 분석 등으로 며칠을 밤새운 남자들의 '손익계산서'나 '대차대조표'의 분석보다 훨씬 정확한 경우도 많다.

내집마련에 관한 이메일 문의를 받아보면 이런 생각이 더욱 확고해진다. 남편과 아내가 집의 위치를 놓고 문의한 경우 거의 95% 이상의 확률로 아내가 고른 집의 위치가 앞으로 발전가능성이 있고 더 좋은 위치였다.

물론, 오로지 감에만 의존하여 집을 사라는 말은 아니다. 내집마련은 인생에서 '가장 큰 쇼핑'이니 만큼 집에 대한 공부와 투자가치 분석도 중요하다. 그러나 적어도 내집마련은 남자가 해야 한다는 편견, 여자는 남자보다 사회경제적으로 집을 보는 안목이 떨어진다는 편견 따위는 버려야 한다는 말이다.

쇼핑할 때 이것저것 따지고 가게 주인과 물건값 깎고 흥정하듯, 그런 감각으로 깐깐하게 집을 고른다면 최소한 내집마련에서 손해를 보는 일은 없을 것이다. 그러니 여자들이여, 자신감을 가지고 내집마련의 주체가 되어라!

왜 집을 사야 하는가?

Why

🌱 왜 집을 사야 할까?

　내집마련을 계획할 때 또 중요한 점은 내가 왜 집을 사야 하는지 그 이유와 목표를 명확히 설정해두는 것이다. 무슨 일을 하든 목표가 뚜렷하지 않으면 조금만 난관에 부딪혀도 금방 포기하게 된다.

　내집마련에 있어서도 마찬가지다. 자신이 왜 집을 사야 하는지 한번 곰곰이 생각해보라. 경제적인 독립과 자기 생활의 기반을 잡기 위해 내집마련을 생각하는 사람도 있을 것이고, 결혼을 한 사람이라면 가족들을 위한 생활공간으로 내집마련을 생각할 수 있을 것이다.

　이런 일반적인 이유 외에도 사람마다 자기 집을 가지려는 이유는 다 다르다. 그 이유와 목표에 따라 집을 보는 기준도 달라진다. 집을 단지 재테크의 수단으로만 생각하는 사람과 안정적인 생활의 근거지로 생각하는 사람은 당연히 선택의 기준도 다를 것이다. 그러나 만약 자기가 왜 집을 사야 하는지 이유나 목표가 뚜렷하지 않다면, 사람들의 말에 휩쓸려 결국 집을 사놓고 후회하는 경우도 생기게 된다.

■■■ 33세 이재민 씨. 결혼 12년차에 아이 둘을 가진 맞벌이 주부다. 신혼 초에는 월세를 살다가 전세로 옮긴 후 빌라를 샀고, 빌라를 산 지 5년 만에 단독주택으로 이사를 했다.

아파트가 돈이 된다는 말에 단독주택은 팔고, 일단 전세를 끼고 25평짜리 아파트를 산 다음 남편의 회사 사택으로 들어갔다. 그리고 다시 경기도에 30평대 아파트를 샀다.

한 번 이사할 때마다 이사비용만 해도 대략 150만 원은 나갔고, 어쩌다 가구나 가전이 망가지면 순식간에 300만 원은 나갔다. 그렇게 총 일곱 번 이사를 했지만 재민 씨는 겨우 교외의 아파트 한 채를 내집으로 마련했을 뿐이다.

■■■ 32세 임정선 씨. 정선 씨는 지난 2002년 결혼과 동시에 강남에 내집마련을 했다. 당시 남편과 자신의 수입을 합해도 한 달 400만 원이 넘지 않았지만, 혼수 줄이고 최대한 대출을 받아 19평짜리 아파트를 장만할 수 있었다. 신혼부터 굳이 대출까지 받아가며 집을 살 필요가 있겠느냐며 주위의 만류가 거셌지만, 어차피 적금 넣을 거 미리 당겨쓰고 강제로 적금 넣는 셈 치고 저질러버

렸다.

신혼 초부터 안정적인 기반을 다지고 싶다는 이유도 있었고, 또 계산해보니 집값 오르는 수준에 대출이자를 뺀 것이 적금 이자보다도 높았던 것이다. 작년에 시아버지가 간암에 걸려 수술비와 요양비로 목돈이 필요하여 집을 팔아야 했지만, 강남에 있는 집을 파니 외곽으로 집을 옮기고도 수술비, 요양비, 생활비 등을 충당할 수 있었다.

재민 씨는 어떤 집을 왜 사야 하는지 목표가 뚜렷하지 않아 남들 말에 흔들린 케이스다. 사실 우리 주위의 많은 사람들이 이런 식으로 집을 사고판다. 나 역시 한때 주위에서 갈아타기로 돈 벌었다는 사람들 이야기를 심심찮게 들었고 그때마다 귀가 솔깃해져 갈등하는 사람들을 많이 봐왔다.

그러나 갈아타기를 한다고 해서 무조건 돈을 벌 수 있는 것은 아니다. 재민 씨처럼 이사하느라 손안에 든 현금만 쓸데없이 낭비하고, 결국 처음이나 지금이나 집의 가치는 별 차이 없는 손해 보는 장사를 하게 되는 경우가 허다하다.

중요한 건 얼마나 갈아타기를 하느냐가 아니라 한 번을 사더라도 어떤 집을 사느냐이다. 그리고 지금은 무엇보다 양도세와 종부세 때문에 갈아타기로 돈을 벌기가 수월하지 않다.

이와 반대로 정선 씨의 경우는 내집마련으로 안정적인 생활의 기반을 잡겠다는 확실한 목표가 있었기 때문에 주위에서 아무리 만류해도 흔들리지 않았고, 결과적으로 이익을 낸 것이다.

모든 사람들에게 좋은 집은 존재하지 않는다. 어떤 사람에겐 낡고 허름해서 가치 없는 집일지라도 어떤 사람에겐 투자가치가 무한한 황금 매물이 될 수 있다. 아무리 남들이 좋다 나쁘다 해도 결국은 자신이 가장 살고 싶은 집, 자신이 생각하는 집의 모습과 가장 일치하는 집이 최고의 집이 되는 것이다.

어떤 집을 살까?

"다 똑같은 집인데 아무거나 사면 돼."

그러나 진짜 아무거나 사거나 기준이 없이 사면 '평생 오르지 않는 집'을 살 수도 있다. 혹자는 이렇게 얘기할지도 모른다.

"안 오르면 어때? 평생 살 집인데!"

하지만 막상 다른 사람들의 집값이 오르면 부러워서 배가 아프고 입에 거품을 물며 집값에 대한 논쟁을 벌인다.

'기준'이 없는 내집마련은 실패할 확률이 높다. 집이라고 다 똑같은 집이 아니다. 집을 살 때도 '기준'과 '전략' – 주거와 노후를 동시에 생각한 가치투자 – 이 필요하다.

그러면 가치투자를 할 집은 어떤 집일까? 아파트, 빌라, 연립, 단독, 다세대, 전원주택, 주상복합, 오피스텔 중에 어떤 집을 사야 하는 것일까? 지금 인기 있는 아파트를 사야 할까? 대답은 간단하다. "그렇다." 지금은 아파트가 대세다. 내·외장에 국제적인 최고의 기술을 도입하여 고급 빌라의 효시로 꼽히는 트라움하우스나, 한국의 내로라하는 부자들과 프랑스인들이 거주하는 곳으로 유명한 서래마을의 빌라가 아닌 이상, 내집마련은 아파트로 해야 한다.

대한민국에서는 아직까지도 아파트가 오르는 집의 대명사다. 아파트는 호황기에 큰 폭으로 오르지만 침체기에는 소폭으로 하락하기 때문이다. 그러나 빌라나 연립은 개발호재가 있는 곳이 아닌 이상 사는 즉시 가격이 떨어진다.

다가구는 좋은 투자처이며 월 임대수익이 생길 수 있기 때문에 현재의 저금리 상황에서 내집마련으로 추천할 만하지만, 다세대의 경우 내집마련으로 적합하지 않다.

전원주택의 경우 환경은 좋지만 대중교통 환경이 좋지 않고 응급상황의 경우 차가 없이는 움직이기 힘들다.

단독이나 상가주택, 전원주택 등은 재개발 지역이 아닌 이상 아파트에 비해 대중성(대중의 선호도), 환금성(돈으로 바꾸기 쉬운 정도), 유동성(이리저리 옮겨 가기 쉬운 성질)이 떨어지기 때문에 투자효과까지 생각하는 경우라면 적합하지 않다.

주상복합은 사람에게 꼭 필요한 땅의 기운을 느낄 수가 없고 창문을 열어 환기할 수 없다. 자체 내의 환기 시스템이 있지만 자연을 느끼면서 살기에는 힘들고 아파트나 빌라보다 실평수, 대지지분은 적고 용적률과 건폐율은 높다. 또한 부대시설 등의 운영

비를 별도로 부담하기 때문에 관리비도 높다.

오피스텔은 임대용이나 일시 주거 환경으로는 적합하지만 내 집마련 용으로는 적합하지 않다.

내집을 마련하는 데는 나만의 선택 기준이 필요하다. 내집마련 상담을 해오는 사람들은 대부분 내집마련을 하기에 적당한 곳을 찍어달라고 부탁한다. 하지만 나는 그들의 집을 찍어줄 수가 없다. 내가 집을 '콕' 찍어준다고 하더라도 그들의 자금 상황, 소득, 가정 형편, 직장 위치 등 여러 조건에 맞지 않을 수도 있기 때문이다.

어떤 조건이 '나의 상황에서 최선'인지를 판단할 수 있는 사람은 자기 자신밖에 없다. 또한 내집마련을 하고 싶은 마음이 나보다 더 절실한 사람도 없다. 따라서 어떤 아파트를 선택할 것인지, 어떤 점에 특별하게 가치를 두고 내집마련을 할지 판단하는 데는 반드시 나만의 선택 기준이 필요하다.

그러면 어떻게 나에게 맞는 선택 기준을 찾을 수 있을까?

내 형편과 상황을 고려해 아주 까다롭고 꼼꼼하게 나에게 맞는 집을 골라라. 그렇게 고르면 그 조건에 다 맞는 곳을 찾기는 어려워도 최대한 그와 비슷한 조건을 찾아내 성공할 확률이 높다.

혜나 언니는 집을 고를 때 적당한 조건에 자신을 맞추는 보통 사람들과는 달랐다. 내가 좋은 곳이라며 추천을 해줄 때마다 "강북이라, 음침해서, 낡아서, 평수가 작아서, 유해환경이 있어서,

교육수준이 낮아서, 생활수준이 높아서, 녹지공간이 없고 삭막해서, 전철역이 없어서, 직장이 멀어서, 느낌이 안 좋아서, 강남이 멀어서, 안전하지 않아서, 학원교육시설이 없어서……" 등 셀 수 없이 많은 이유를 댔다. 그런데 얼마 전 집을 분양받았다. 소위 '대박'이라는 '판교'에.

실제로 주변에 혜나 언니처럼 집을 고른 사람들이 '대박'인 집을 잘 찾는다. '어차피 같은 집인데 뭘 그렇게 따지시나?'라고 생각하면 오산이다. 아무렇게나 산 집은 별로 정도 안 든다. 단점만 보여서 잘못 샀다는 생각이 들거나 살기 싫어져도 막상 집을 옮기기는 힘들다.

내집마련은 누구나 할 수 있다. 그러나 나의 상황에 맞는 집을 찾는 것이 중요한 포인트이다. 까다롭게 나만의 기준으로 집을 골라라. 남들이 한다고 해서 하는 내집마련이 아닌 내가 살 집, 그러면서 내가 만족할 만한 기준을 가진 내집마련을 해라.

Tip 주택 유형별 구분

단독주택

1세대가 단독으로 사용하는 독립 주택

연립주택

4층 이하, 연면적 660㎡(200평) 초과 주택

다세대주택

1개 동, 4층 이하, 연면적 660㎡ 이하 주택. 주택 내 가구 수는 2가구 이상, 상업용 등 다른 용도와 복합해 지을 경우 주거 부분만 4층 이하이면 된다. 건축법상 공동주택으로 분류되기 때문에 세대별 등기가 가능하며 건물 중 일부를 따로 사고팔 수 있다. 일조 기준, 주차장 설치 기준 등 건축제한 정도가 다가구주택보다 강하다.

다가구주택

3층 이하, 연면적 660㎡ 이하 주택. 임대 전용이며 주택 내 가구 수는 2~19 가구로 제한된다. 건축법상 단독주택으로 분류되기 때문에 세대별 구분 등기가 불가능하다. 각 가구를 분리해 사고팔 수 없으며 건물 전체 단위로만 매매가 가능하다. 각 가구별로 별도의 방과 부엌, 화장실, 독립된 출입구를 갖춰야 한다.

빌라

연립주택과 다세대주택을 통칭하여 빌라라 한다.

아파트

5층 이상 20가구 이상은 아파트라 한다.

내집마련에 가장 적절한 타이밍은?

When

집값이 하락과 반등, 상승, 다시 하락을 반복하는 사이 내집마련을 주저하던 사람들에게 내집마련은 자꾸만 먼 달나라 이야기인 것만 같다.

'침체기라는데 지금 사면 떨어지지 않을까?'

'상승기인데 상투(최고가) 잡으면 어떻게 하지?'

하지만 상황 살피고 고민만 하면 시간이 지날수록 후회만 커진다. 그때 집을 샀어야 했다고.

공부도 결혼도 자녀를 낳는 것도 때가 있는 것처럼 내집마련에도 때가 있다. 하지만 아무도 나에게 내집을 마련할 최적의 때를 알려주진 않는다. 그렇다면 그 적절한 때가 언제일까?

한 경제전문가는 정부가 집값을 안정시킨다고 해놓고 판교의 분양가를 높이 책정하며 오히려 집값을 올리는 분위기를 조장했다고 말한다. "정부가 바보가 아닌 이상 이런 여파를 예측하지 못했을 리가 없다"면서 말이다.

나름 일리 있는 말이다. 판교가 평당 1천만 원이 넘으면 서울 집값 못지않은 것이고 소위 하루 벌어 하루 먹고사는 진짜 서민들은 그곳에 집을 살 여유조차 없으니 말이다.

이 사람의 주장에 따르면 정부가 '판교 분양을 노린 부동산 정책'을 내놓기 전에는 서울의 '아주 좋은 동네 버블세븐 지역 등'의 중대형도 평당 2천만 원 정도였다. 이 지역의 중소형이 평당 1천만 원이 약간 넘는 수준이었는데 수도권 외곽인 판교를 평당 1천만 원이 넘는 가격에, 중대형 평형의 경우 평당 2천만 원이 넘는 가격에(40평대의 경우 분양가가 8억이 넘는다) 분양한다는 것은 서울의 집값을 올리겠다는 정책이었다는 것이다. '버블'을 잡겠다고 주장하는 정부에 무차별적인 세수 확보를 위해 아파트 가격을 더 부풀렸다는 결론을 지으면서 말이다. (현재는 정부에서 개발하는 강북 뉴타운의 아파트도 평당 1천 5백만 원에 이른다.)

2003년 5월부터 2007년까지 4년 동안 열다섯 번이 넘게 바뀐 정부의 대책으로 인해 전국의 집값은 20% 이상 뛰었다. 집값은 상투이고 거품이어서 폭락할 것이라고 언론에서 보도해도, 정부 정책이 바뀐다고 해도 연연하지 말자. 정부의 정책을 아예 무시하라는 것은 아니다. 단지 정부정책을 참조하되 내집마련을 해야 할 시기를 그것에 따라 계속 늦추기만 해서는 안 된다는 것이다.

싱글 여성들에게 내집마련의 최적의 타이밍은 혼자 자취를 시작할 때, 혹은 어느 정도의 종자돈을 모았을 때다. 이런 얘기를 주변의 싱글 여성들에게 하면 대부분 이렇게 말한다.

"정부정책을 보니 이젠 집값이 하락할 것 같아요."
"지금은 때가 아닌 것 같아요."

하지만 자금이 어느 정도 준비되었고 내집마련에 관한 생각이 있다면 '지금'이 '집을 살 최적기'이다. 혹 집으로 인한 수익이 떨어질 때를 대비해 자신이 감당할 수 있는 범위 내에서 분양을 받든지 기존의 집을 사는 것이 좋다. 이때 혼자 살 것인지 결혼 계획이 있는지 여부도 함께 생각하는 것이 좋다.

내집마련으로 수익을 내는 것은 정말 최상의 투자전략이다. 하지만 수익이 나지 않는다 하더라도 나만의 공간 혹은 나와 내 가족들이 이리저리 옮겨 다니지 않고 마음 편히 살 수 있는 공간이 생겼다는 것에 만족하는 자세가 필요하다.
만약 집값이 떨어질 것이라는 불안감이 있다면(실제로 아파트도 불패신화를 거둘 날이 올 수 있다) 대출 비율을 최대한 빨리 줄이도록 노력하면 된다.

내집마련을 해야 하는 최고의 타이밍은 항상 '지금'이다. 나중으로 미루고 망설이다가 시행하지 않으면 어떤 변수가 기다리고 있을지 모른다. 빚 지는 게 싫어서 돈 모아서 집 사겠다 한 사람들도 집을 산 시기만 늦어졌을 뿐 결국은 대출을 안고 내집마련을 했다. 왜냐하면 아무리 열심히 적금 넣고 돈을 모아도 집값은 돈이 모이는 속도보다 더 빨리 가치가 상승해버렸기 때문이다. 따라서 최대한 한 살이라도 어린 '지금'이 내집마련을 하는 최적의 시기라고 할 수 있다.

결혼 예정이거나 결혼을 한 기혼여성의 경우 내집마련을 할 최적의 타이밍은 '결혼할 때'와 '신혼 초' 그리고 '첫 출산 후 7년 이내'이다. 가족 확장 계획이 있는지 고려해서 집을 마련하고 결혼생활을 시작한다면 남보다 더 빠른 시기에 안정감을 얻을 수 있고 재산 증식도 빠르다. 요즘에 흔한 말로 아이들도 혼수로 하는 시대라고 하는데 집부터 먼저 사고 결혼하는 것은 집을 살 최적의 타이밍을 잡는 방법이다. '결혼하고 나서 하지'라고 미루거나 '나중에 돈 모아서 한다'고 생각하면 내집마련은 쉽게 하기 힘들다.

결혼한 지 15년, 20년 된 사람들에게서 종종 이런 말을 듣는다.

"아이들이 초등학교에 들어가기 전, 그러니까 첫 출산 후 7년 이내에 모든 경제적 여건과 기반을 마련해놓지 않으면 평생 그 자리를 맴돌게 된다."

이것은 가난이 유전된다는 말처럼 어느 정도 일리가 있는 주장이다.

주택금융조사 결과에 따르면 2천 가구를 대상으로 조사했을 때, 결혼 후 내집마련을 하는 데까지 소요되는 기간은 2005년에 평균 7.7년, 2006년에 평균 8.2년으로 조사되었다. 이 통계를 다시 살펴보면 결혼이 늦어지고 있는 현 세태상 첫 출산 후 아이가 초등학교 들어가기 전 최소한 내집을 마련해야 한다는 생각을 대부분 가지고 있다는 것이다.

한 40대 중반의 가장은 '아이들이 초등학교 들어가기 전에 집을 마련했어야 했다'는 후회를 한다. 사정인 즉 아이들이 초등학교 입학한 후부터 각종 사교육비가 지출되었고, 이제는 모두 중·고등학생이라 사교육비를 아무리 적게 잡아도 한 아이당 최소 50만 원은 들기 때문에 지금 내집을 마련하는 것은 엄두도 안 난다는 것이었다.

첫 아이를 낳고 나서 7년 이내에는 내집마련을 하는 것이 좋다. 그 후로도 내집마련은 항상 가능하지만 대부분 사람들의 얘기처럼 아이가 초등학교 들어가기 전 자금 사정이 평생 지속되는 것은 기정사실이 될 수 있기 때문이다.

내집마련의 최적의 타이밍은 바로 '지금'이다. 만약 지금이 어렵다면 결혼할 때나 신혼 초에 하고 그것도 어렵다면 첫 출산 후 7년 이내에는 내집마련을 하는 것이 좋다.

어디에 사야 할까?

Where

'남자는 필요한 물건을 두 배 비싼 가격에 사고, 여자들은 당장 필요하지 않아도 나중에 쓸 좋은 물건을 반값에 산다'는 말이 있을 정도로 여자들은 싼 가격에 제대로 된 물건을 사는 것을 좋아한다.

하지만 가격도 가격이지만 여자들의 포인트는 '질 좋은' 물건을 고르는 것이다.

물건을 살 때와 마찬가지로 내집은 '질 좋은' 것으로 사야 한다. 그렇다면 부동산에서 '질 좋은 물건'은 무엇일까?

그건 바로 '입지'가 좋은 물건이다. 입지가 좋은 아파트는 내집을 가장 잘 마련한 케이스다. 내집마련을 할 때 많은 사람들이 전문가들에게 듣는 조언은 '첫째도 입지, 둘째도 입지, 셋째도 입지'에 신경 쓰라는 말이니 말이다.

■■■ 결혼 5년차인 혜성이가 내집마련을 하면서 가장 중점적으로 본 것은 '집이 깨끗한지, 화장실은 두 개인지' 하는 것이었다. 그런데 정작 제일 중요한 입지는 수도권 외곽으로 잡았다.

"혜성아, 너무 사소한 것만 보는 거 아냐? 집은 낡아도 아파트면 그냥 도배 깨끗이 하면 되고, 화장실은 두 개 없어도 살 수 있어. 집 넓은 것도 좋지만 위치를 좋은 곳에 잡아야지."

혜성이는 내 말을 듣더니 고개를 흔들었다.

"넓은 집에 살아야 편해. 그리고 집이 깨끗해야 애들을 키우지. 아침마다 화장실 전쟁도 이젠 지겨워, 정말."

하지만 이런 세부적인 문제는 다 고칠 수 있다. 하다못해 화장실도 공사해서 하나 더 만들 수 있다. 그러나 입지는 고정불변의 성격이기 때문에 집 자체를 옮기지 않는 한 절대 바꿀 수 없다. 그래서 처음부터 제대로 된 입지를 고르는 것이 중요하다.

좋은 입지를 고르는 것은 좋은 남편감을 고르는 것보다 더 어렵다. 입지가 좋은 집을 사거나 분양을 받으려니 집값이 비싸고, 집값이 싼 곳을 사거나 분양받으려니 입지가 별로인 경우라면, 평수가 조금 작고 비싸더라도 좋은 위치에 있는 아파트를 사는 것이 좋다. 그리고 지금은 입지가 다른 곳에 비해 그다지 뛰어나게 좋은 편은 아니지만 앞으로 유망하고 미래가치가 있을 곳이라면 그런 입지를 고르는 것이 좋다.

좋은 입지에 집을 사는 것은 현재보다 미래가치가 반영된 일이다. 그러나 좋은 위치에 집을 사는 것은 만만치가 않다. 그런 곳에는 이미 많은 사람들이 차지하고 있거나 혹은 대기세력이 많고, 가격 또한 만만치가 않다. 좋은 입지를 선정하기 위해 많은 노력과 돈이 필요하다는 이야기이다.

하지만 그렇다고 해서 무조건 사람들이 많이 몰리는 곳에 들어가려고 기를 쓸 필요는 없다. 반복해서 말하지만 항상 기준은 자기 자신과 가족이다. 아무리 입지가 좋아도 직장과 거리가 멀어 출퇴근 시간만 하루에 서너 시간 걸리는 정도라면 다른 입지를 생각하는 것이 좋다. 결혼했다면 남편의 직장, 아이가 있다면 아이들의 통학 환경, 거리 등도 생각해야 한다.

자신의 상황, 수입, 소비성향, 직장 위치에 근거하면서도 부동산의 미래성, 잠재가능성을 반영해 좋은 입지에 내집마련을 해야 한다.

어떻게 사지?

How

자, 이제 내집마련이 꼭 필요하다는 건 알겠는데 그렇다면 이제 뭐부터 어떻게 해야 할까?

남들 다 하는 청약통장 만들고 종자돈 모으면 될까?

그렇게 대충 생각해서는 평생 '내집마련 해야지' 하고 생각만 하고 지낼지 모른다. 내집마련을 해야겠다고 마음을 먹었으면 목표와 실천계획을 구체적이고 세밀하게 세워두어야 한다. 크게 일곱 가지만 염두에 두고 있으면 누구나 내집마련에 대한 감을 잡을 수 있다.

첫째, 당장 돈이 없어도 관심을 가져 안목을 키워라.

중학교 동창인 미영이. 교사 생활을 하며 대기업에 다니는 남편과 함께 맞벌이를 한다. 하지만 집에는 도통 관심이 없다. '아는 만큼 보이고 평소에 생각을 많이 해둬야 좋은 집을 살 수 있다'고 조언해줘도 나중에 돈 많이 모아서 그때 사겠다고 말한다.

그때 닥쳐서 사겠다고? 아니, 그때가 되면 이미 기회는 없다. 있다 하더라도 제대로 고르긴 어렵다. 왜냐하면 집을 보는 안목이 없기 때문이다. 음식도 먹어본 사람이 먹을 줄 아는 거고, 물건도 골라본 사람이 잘 고르는 법이다. 기본적으로 물건을 고를 때 이것저것 따져보며 여러 번 생각을 하게 되는데, 그렇게 함으로써 물건에 대해 가치평가를 할 기회를 더 많이 갖게 되고 물건에 대해 관심이 없는 사람보다 훨씬 더 잘 고를 수 있는 것이다.

그런데 보지도 않고 어떻게 평생 부자의 초석이 될 내집마련을 할 수 있겠는가. 아무 준비 없이 아무렇게나 그때 닥쳐서 덜컥 사겠다고 하는 것은 '난 부자가 되고 싶지 않아'라고 말하는 것과 다름없다.

안목이 높은 사람이 부자가 되는 데는 다 이유가 있다. 보는 눈이 없다면 제대로 된 물건을 고를 능력도 없고, 잡을 수도 없기 때문이다. 보는 눈을 키우고 때를 기다려라. 내집마련을 하는 데는 돈의 많고 적음보다 '관심'이 더 중요하게 작용한다.

둘째, 간절함과 철저한 집중을 마음속에 품어라.

내집을 마련하기 위해 가장 필요한 것은 '간절함'과 '집중'이라는 마인드다. 내집마련을 하고 싶은가? 그렇다면 그 소망에 간절함을 실어라. 내집마련을 반드시 하겠다는 열망만이 가장 빨리 내집마련을 할 수 있는 비결이기 때문이다. 내집마련을 원해도 간절함이 없다면, 또 그 간절함을 현실로 이뤄낼 만큼 집중을 하지 않는다면 절대로 이룰 수 없다. 내집마련을 하고 싶다고 하면서도, 또 다른 사람들이 내집마련을 통해 부자가 된 것을 부러워하면서도, 정작 내집마련을 위해 간절함을 가지고 철저하게 집중하는 사람은 소수에 불과하다.

셋째, 구체적인 목표를 정해라.

만약 앞으로 25평, 33평에 살고 싶다면 '2007년 25평, 2010년 33평, 2014년 40평으로 간다'는 목표를 적어라. 지금 당장 이룰 순 없지만 단계를 밟는다면 다 이룰 수 있다. '서울 33평형, 1천 세대 이상, 전철역 5분 이내 거리'와 같은 식으로 목표를 적거나 '서울 송파구 거여동 25평형 역세권 대단지 4억5천'이라고 구체적인 입지와 가격까지 적는 것은 훨씬 더 좋다. 목표는 구체적일수록 좋다.

넷째, 목표를 달성하기 위한 면밀한 방법을 적는다.

주식이나 펀드 투자를 해서 수익률 10% 혹은 15%를 달성한다거나 일하는 시간을 늘려 한 달 수입을 50만 원 더 늘인다거나, 몸값을 해마다 5~10%씩 높이겠다는 등의 구체성이 있어야 한다. 또 가계의 재무설계를 통해 보험료를 정하고 지출을 10만 원 줄인다거나 맞벌이로 전향해 수입을 늘리거나, 또 적금 계획으로 종자돈을 올해 2천만 원까지 모으겠다는 등 실행방법을 매우 구체적으로 명시해두어야 한다.

다섯째, 목표를 이룰 기간을 정해야 한다.

정확하고 뚜렷한 내집마련 목표를 가지고 4개월 만에 1천만 원을 만들겠다, 혹은 1년에 투잡으로 3천만 원을 만들겠다, 몸값을 높여 2010년까지는 억대 연봉을 받겠다, 불필요한 지출은 줄여 2008년까지 저축률 80%를 달성히겠다, 양천구 신정동 역세권 대단지에 3억 5천을 주고 33평 입주권을 2009년 6월 3일까지 따내겠다는 등 제한 시간을 두고 그 기간에 맞추어 목표를 이루도록 노력해야 한다.

여섯째, 목표를 늘 상상하고 시각화해야 한다.

월트 디즈니는 자신의 꿈인 디즈니랜드를 실현시키기 위해 최초로 스토리보드 형식의 그림을 그려 꿈을 시각화했다. 그리고 그의 시각화는 모든 사람들이 볼 수 있는 '디즈니랜드'로 형상화되었다.

월트 디즈니의 예처럼 나도 내집마련을 할 때 내집에 대한 생각을 '잡지'나 인터넷 등에서 뽑아 앨범에 정리하고 매일 들여다보았다. 시각화의 힘은 놀라웠다. 그때 내가 '성공앨범'에 붙여놓은 모든 일들은 이미 내가 이루었기 때문이다.

어떤 집을 살지, 대단지일지, 모든 방향에서 햇살이 들어오는 화사하고 밝은 톤의 집일지, 녹지공간이 있는지, 산과 강이 있는 곳인지, 편의시설이 있는지 등을 생각해보고 그런 집의 그림을 앨범에 끼워놓거나 냉장고에 붙여놓아라. 시각화를 통해 내가 직접 '미래를 설계'해보는 것이다.

내집마련의 꿈은 시각화를 통해 생각 속에서 먼저 이루어져야 한다. 내가 내집을 실제보다 먼저 마련하도록 생각 속에서 내집마련을 위한 앨범을 만들고 시각화하라.

일곱째, 지금 당장 실행하라!

실행하지 않으면 그것은 '결코 이뤄지지 않는 것'으로만 남게 된다. 특히 내집마련에 있어서는 더욱 과감한 실행이 필요하다. 당신 주위를 보라. 내집마련을 한 수많은 사람들이 있지 않은가? 어떠한 대단한 개발 정보도, 만기가 된 청약통장도, 소형 아파트를 살 수 있을 만한 종자돈도, 당신이 움직이기 전에는 당신의 재산을 불려주지 않는다. 미래가치가 있고, 그러면서도 거주하기 좋은 곳에 과감한 실행을 통해 내집을 마련해야 한다.

친구 중에 '지르기'의 대가가 있다. 무엇이든지 일단 '필'이 꽂히면 깊이 생각하지 않고 저지른다. 어떤 때는 그 지르기가 말썽이어서 한 달 '품위 유지'를 위해 옷값과 화장품 값으로 지른 카드 대금만 100만 원이 넘게 나온다고 한다.

이 친구가 이번에 결혼을 하는데 역시 혼수도 질렀다. 그런데 집도 같이 겸사겸사 질러버렸다. 무조건적인 지르기가 좋다는 건 아니다. 하지만 친구의 재정 형편과 종자돈의 액수, 친구의 소득과 남편의 경제 여건, 가족계획 등을 고려해봤을 때 내집마련을 지른 것은 잘한 일이었다.

집을 사는 데는 생각이 섰을 때, 그리고 어느 정도 종자돈이 모였을 때 저지를 수 있는 대범함이 필요하다. 종자돈이 일정액 있고 집을 사야 할 준비를 어느 정도 갖췄다고 생각하면 그 다음은 무조건 '과감하게' 행동해야 한다. 단, 어떻게든 수습이 되는 한도 내에서 말이다.

내집마련 ② 단계
종자돈 모으기

3

'절약' '저축' '투자'의 3대 요건을 잡아라

종자돈 Seed Money 은 '씨앗이 되는 돈' 이다. 씨는 처음에는 땅에 뿌려져 눈에 보이지 않지만 세월이 지남에 따라 성장하고 열매를 맺는다. 집을 사는 데 있어서 '종자돈' 도 '씨앗' 과 같은 역할을 한다.

내집마련을 할 때 종자돈을 모으는 건 꼭 거쳐야 할 과정이다. 특히 요즘처럼 대출에 대한 규제가 강화될 때는 집값의 60% 정도는 종자돈으로 가지고 있어야 한다. 그렇다면 종자돈을 어떻게 모아야 할까? 답은 '절약' '저축' '투자' 를 통해서이다.

종자돈을 만드는
'목적·기간·방법·액수'를 분명히 하라

종자돈을 모을 때는 가장 먼저 내가 '무엇을 위해 돈을 모으는지' 목표를 분명하게 설정해야 하고, '언제까지' '어떤 금융상품'을 이용하여 '얼마'를 모으겠다는 계획을 구체적으로 세워두어야 한다.

'3년 동안은 적금, CMA 등을 이용해 종자돈 5천만 원을 모은다.'

'5천만 원을 모은 다음에는 원금 손실의 위험이 있지만 잘 되면 적금보다 수익이 배로 날 수 있는 채권·펀드·주식 등을 이용해 2년 동안 1억으로 만든다.'

이렇게 구체적으로 생각할 수 있어야 한다.

또 종자돈을 모을 때는 목적에 따라 단기, 중기, 장기를 구분해서 기간과 방법, 액수를 구체적으로 정해야 한다. 그런 다음 저축과 투자의 3대 요건에 맞게 종자돈 마련에 집중해야 한다.

내집마련을 하겠다고 마음을 먹었다면 '목표' '기간' '방법' '액수'를 명시한 표를 하나 만들어서 다이어리에 늘 가지고 다니거나 집에 붙여두는 것이 좋다.

절약 노하우 ❶

10원의 소중함을 아는 자
10억의 위대함도 안다

"정말 구질구질하다."

"궁상이다."

"자린고비다."

두루마리 화장지 한 칸도 아껴 쓰고 웬만하면 전깃불은 끄고 지내고, 빨랫감 모일 때까지 세탁기 돌리지 않고…… 이런 모습을 보고 지나치다고 말하는 사람들도 있다. 그거 조금 아낀다고 비용이 얼마나 줄겠느냐는 것이다. 하지만 절약함으로써 얻는 현재의 '작은 차이'는 미래의 '큰 차이'로 나타난다.

세금 떼고 나면 200만 원이 채 되지 않는 평범한 월급을 가지고서는 작은 것을 아끼고 절약하는 수밖에 방법이 없다. 작은 습관을 바꾸면 실제로 많은 지출이 줄어든다. 몸에 익숙한 '옷'처럼 자신에게 절약의 습관을 입혀라!

부자는 돈을 많이 버는 사람이 아니라 많이 모으는 사람이다.

한 구두쇠의 우화처럼 때로는 절벽에서 나뭇가지를 잡고 버티듯이 돈을 아껴 쓰는 자세가 필요하다.

솔직히 콩나물 값 아끼고 전기요금, 수도요금, 통신비 조금 더 아낀다고 인생의 가장 큰 쇼핑인 내집마련을 할 수 있는 것은 아니다. 내집마련을 하려면 그 아낀 돈을 가지고는 턱도 없이 모자라다.

하지만 10원을 아낄 수 있다면 10원을 버는 셈이다. 천 원을 아낄 수 있다면 천 원을 버는 것이고, 만 원을 아낄 수 있다면 만 원을 버는 것이다. 씀씀이를 아껴 만약 하루 3천 300원을 절약한다면 한 달이면 약 10만 원의 돈을 절약할 수 있게 된다.

그까짓 거 얼마나 되겠냐고? 매일 천 원씩 절약하고 이 돈을 13%의 수익이 나는 상품에 투자했을 때 얼마나 큰 재산으로 불어날지를 한번 계산해보도록 하겠다.

기간(년)	매일 1천 원씩 저축(원)
5	2,672,000
10	7,597,000
15	16,670,000
20	33,386,000
25	64,185,000
30	120,930,000
40	418,102,000
60	4,851,216,000
70	16,475,377,000

정말 어마어마한 액수가 아닌가? 매일 천 원씩만 저축해 그 돈을 계속적으로 13%의 복리수익이 나는 곳에 투자만 해도 그 액수는 60년이 지나면 50억에 이른다.

엑셀가계부를 적어라

생활 속에서 새는 돈을 잡기 위해서는 기본적으로 가계부를 적는 습관이 필요하다. 가계부를 굳이 살 필요 없이 A4 용지를 접어 한 달 지출내역을 적어서 달별로 정리하고 영수증을 철해놓으면 필요할 때마다 영수증을 확인하고 지출내역을 볼 수 있다.

나는 결혼 전부터 월별로 투명한 비닐에 년도와 월을 적어 날짜순으로 정렬해 영수증을 철해놓는 방법을 썼다. 영수증을 모아놓으면 좋은 점이 많다. 어디에 돈이 들어갔는지 구체적으로 알 수 있을 뿐만 아니라, 만약의 경우 증명할 수 있는 자료가 되기 때문이다.

그런데 종이가계부보다 엑셀가계부를 적으면 가계생활표를 한 눈에 볼 수 있어 더 효율적이다. 뿐만 아니라 수입과 지출 현황이 전체적으로 관리되어 가계부를 볼 때마다 어떤 부분을 많이 지출하고 있는지 어떤 부분을 더 줄일 수 있는지 생각하게 된다. 무엇보다 절약을 습관화하여 예기치 않은 지출을 통제할 수 있다는 장점이 있다.

엑셀을 사용할 줄 모른다고? 그렇다면 배워라. 시간이 없다고? 한 달만 투자하라. 당신의 인생 중 단 한 달도 투자하지 못하겠다면 인생을 노력 없이 살겠다는 의미이다. 나이가 들어서 못 한다고? 70대 노인들도 네레이터 모델을 히는 세상이다. 그런 건 골치 아프고 피곤하다고? 합리적으로 생각하라. 당신은 어디에 썼는지 알지 못하는 영수증과 눈덩이 같은 카드 결제 금액 때문에 더더욱 피곤하고 골치아파하고 있다.

나는 2007년 초반부터 종이가계부 대신 엑셀가계부를 쓰기 시작했는데, 이전보다 한 달 평균 지출이 80만 원이나 줄었다. 일 년으로 보면 천만 원이나 절약하게 되는 셈이다. 만약 내가 신혼 초부터 엑셀가계부를 썼다면 최소 3천만 원은 더 모을 수 있었을 것이다. 가계부 하나 적어서 그 정도를 더 모을 수 있다면 정말 남는 장사가 아닐까?

참고로 가계부를 쓸 때는 공과금 납부 영수증뿐만 아니라 통신요금, 카드대금 등과 같이 비용을 납부하는 모든 것은 영수증을 모아두어야 한다. 요즘은 통장으로 자동납부를 하고 이메일로 납부영수증을 받기도 하는데, 그럴 경우라도 영수증은 보관하는 것이 좋다.

메일함에는 '재정관리'나 '공과금' 폴더를 따로 만들어 최소한 1년 전까지의 자료는 버리지 말고 모아두는 것이 좋다. 메일함 용량이 문제가 된다면 따로 출력하여 정리해두도록 하자.

한번은 수자원공사 전산에 이상이 생겨 수도요금 납부고지서가 또 온 적이 있었다. 체납이라며 연체료도 몇 천 원 붙어서 나온 것이었다. 그런데 나는 다행히 영수증을 보관하고 있었기 때문에 수도요금을 더 내지 않을 수 있었다. 이런 경우가 의외로 심심찮게 발생하기 때문에 영수증을 꼬박꼬박 챙겨두는 건 꼭 필요하다.

생활 속에서 새는 돈 잡는
22가지 방법

'있는 사람들이 더 짜다'는 말 아마 많이 들어봤을 것이다. 실제로 보면 이미 부자인 사람들은 돈을 버는 것도 버는 것이지만 들어온 돈이 최대한 나가지 않게 묶어두고 꼭 필요한 곳에만 지출을 한다. 투자할 가치가 있는 곳이라면 큰돈도 아끼지 않지만, 단돈 10원이라도 쓸데없는 곳에는 버리지 않겠다는 것이다.

그런데 이런 마인드가 없는 대부분의 사람들은 돈이 어디로 새는지도 모른 채 낭비를 하고 있다. 부자가 되고 싶다면 가장 먼저 돈이 새는 구멍을 막아야 한다. 생활 속에서 새는 돈 잡는 방법을 몇 가지 제시하겠다.

1 자신의 통화 스타일에 맞게 요금제를 설정하자. 한 달 생활비에서 핸드폰 요금이 차지하는 비중은 생각보다 크다. 특별

히 통화를 많이 하는 것도 아닌데 보통 4~5만 원씩 요금이 나오곤 한다. 그런데 핸드폰 요금납부 영수증을 보면 있어도 그만, 없어도 그만인 부가서비스도 꼭 몇 개씩 있다. 그 서비스를 꼭 사용해야 할 필요가 없다면 발신번호표시서비스 외에는 모두 해지하는 것이 좋다.

평소 통화량이 많다면 선불 충전이나 정액제를 사용해 통화량을 조절하고, 핸드폰을 끌 때는 종료 버튼을 반드시 누른다. 종료 버튼을 누르지 않으면 자동으로 연결이 끊어지기 전까지 몇 초간 통화요금이 더 부과된다. 집전화나 인터넷도 집에 있는 시간이 적다면 해지하는 것이 좋다.

2 수수료가 면제되는 은행을 이용한다. 인터넷뱅킹을 사용하여 타행송금수수료가 나가지 않도록 하고, 아주 급한 때가 아니라면 은행 업무시간 외에는 출금이나 타행이체 등을 하지 않도록 한다. 어쩌다 한 번 몇 백원, 기껏해야 천 원 남짓이라 생각할지 모르지만 한 달에 두세 번씩만 해도 1년이면 3만 원이 훌쩍 넘어간다. 수수료만으로도 일 년에 몇 만 원을 낭비하는 사람들이 의외로 많다.

3 가전제품은 가능하면 에너지효율 1등급 제품을 사용한다. 컴퓨터의 경우 30분 이상 쓰지 않을 때는 전원을 끄고, 잠깐 쓰지 않을 때는 모니터 전원을 꺼둔다. 누를 때마다 전력이 소모

되는 리모컨 사용은 절제하고 TV보다 대화나 독서 등을 하는 습관을 갖는 것이 좋다. 전기요금이 많이 나가는 세탁기 사용, 다림질 등은 한꺼번에 모아서 하도록 한다. 절전형 멀티탭을 쓰는 것도 필수다.

4 양변기와 샤워기에 절수기를 설치하라. 요즘은 에너지 절약 사업의 일환으로 요청하면 무료로 절수기를 설치해주는 동사무소도 있다. 절수기 대신 벽돌이나 물을 채운 페트병 등을 양변기에 넣어도 물 사용량을 줄일 수 있다. 설거지를 할 때나, 세수하고 머리 감을 때, 소량의 손빨래를 할 때 등 물을 써야 할 때는 항상 받아놓고 쓰는 습관을 들이는 것이 좋다. 나는 이런 방법으로 샤워를 자주 하는 여름에도 수도요금을 한 달에 5천 원 정도 아낄 수 있었다.

5 음식은 꼭 먹을 만큼만 산다. 혼자 사는 싱글 여성의 경우 마트에서 계획 없이 충동적으로 음식을 사놓고 손도 대지 않은 채 유통기한을 넘겨 그대로 쓰레기통으로 보내는 경우도 많다. 이번 주에 무엇을 먹을 것인지 메모해서 냉장고에 붙여두고, 있는 재료로 식단을 짜서 만들어 먹는 습관을 들이자. 그러면 식비뿐만 아니라 음식물 쓰레기도 줄일 수 있다. 냉장고는 1/3 정도만 채워놓고 온도를 조절하면 전기요금을 절감할 수 있다.

6 가까운 거리는 걷는 것을 습관화한다. 버스 타기엔 좀 애매하고 걷기엔 좀 먼 거리일 경우 대다수 사람들은 택시를 탄다. 기본요금 정도니 버스요금과 얼마 차이도 안 나고 더 편안히 갈 수 있기 때문이다. 하지만 그럴 경우 택시 대신 그냥 걷는 것은 어떨까? 그렇잖아도 평소 운동량이 부족한 사람들이라면 운동 삼아 걷는 것이다. 일부러 돈 줘가며 헬스클럽에서 운동하지 말고 평소 움직이고 걷는 것을 습관화하면 더 좋지 않을까? 걷는 것만으로도 불필요한 지출–다이어트 비용, 건강 악화로 인한 약값 등–을 줄일 수 있다.

7 값비싼 브랜드 커피는 마시지 않는다. 꼭 필요한 경우를 빼고는 가능하면 5천 원짜리 브랜드 커피 대신 자판기 커피나 가게에서 파는 주스를 애용한다. 여자들은 한 달에 커피값으로 쓰는 비용만도 엄청나다. 내가 한 달에, 아니 일주일에 테이크아웃 커피를 얼마나 마시는지 한번 계산해보라.

8 연체료는 절대 물지 않는다. 매달 카드대금과 보험료, 관리비 등을 연체하는 사람이 있다. 이것은 불필요한 돈을 낭비하는 것일 뿐만 아니라 개인 신용도를 낮추는 일이기도 하다. 결제일이 제각각 달라 자주 잊어버린다면 10, 20, 30일 등과 같이 쉬운 날짜로 결제일을 변경하고 자동이체 신청을 하는 것도 좋은 방법이다.

9 술과 담배를 끊는다. 2006년 우리나라 성인 남자의 한 달 평균 술값이 1인당 50만 원이라는 통계가 있었다. 남자뿐만 아니라 직장생활을 하는 여자들의 경우도 각종 모임이나 회식 등에 참석하다 보면 술값으로 꽤 많은 돈을 지출하게 된다. 그런데 술을 마시면 술값만 드는 게 아니라 대부분 택시비도 같이 쓰게 된다. 혹시 만취 상태가 되어 물건이라도 잃어버린다면 분실한 비용, 밖에서 낭비한 시간도 민민찮다.

또 술을 많이 마시면 건강까지 해치게 되어 나중에 술값보다 더 큰돈을 한꺼번에 지출해야 할지 모른다. 건강이 가장 큰 재산이라는 말은 절대 흘려들을 말이 아니다. 싱글이라면 지금부터 자신의 건강을 챙기기 위해, 기혼이라면 가족들을 위해 술과 담배를 끊고 그 돈으로 투자할 목돈을 만들어야 한다.

10 수시로 건강을 체크하여 큰돈이 새는 것을 막는다. 건강검진을 정기적으로 받거나 보건소에서 해주는 기초 건강검진으로 건강 상태를 체크한다. 특히 소홀하기 쉬운 치아의 경우 치료가 늦을수록 더 큰 비용이 든다는 사실을 명심하자.

11 여권은 미리 만들어 둔다. 여권은 기한이 지나면 다시 만드는 데 비용이 든다. 만기일 전에 미리 연장 신청을 해두고 항공 마일리지도 한 사람에게 몰아서 사용하는 것이 좋다.

12 화장품과 옷은 꼭 필요한지 몇 번 확인한다. 싱글 여성들의 지출에서 큰 비중을 차지하는 것 중 하나가 화장품과 옷이다. 사실 화장품이나 옷의 원가는 소비자가격의 1/10 정도밖에 안된다. 그러니 사기 전에 이 가격이 정말 합리적이고 품질이 좋은지 몇 번 더 생각해보는 지혜가 필요하다. 또 화장품은 1년 내에 쓰는 것이 가장 좋으므로 이것저것 많이 쌓아두는 것은 질적으로도 좋지 않다.

13 새 물품 중 쓰지 않는 것은 옥션에 팔아 정리한다. 집안에 있는 안 쓰는 물건을 정리하는 것만으로도 꽤 큰돈을 만들 수 있다.

14 냉난방비를 최대한 절약한다. 겨울에는 실내 온도를 너무 높게 하지 말고 집에서도 얇은 옷을 여러 겹 껴입는다. 여름에는 냉방을 하는 대신 얼음물 족욕을 하거나 선풍기를 이용하는 것이 에너지 절약도 되고 생활비도 절감되며 건강에도 좋다. 내집 마련을 잘하면 여름에 굳이 에어컨을 쓰지 않고도 시원하게 지낼 수 있다. 여름에는 시원하고 겨울에는 따뜻한 남동향 집을 사면 되는데, 많은 사람들이 집을 볼 때 이런 세세한 부분을 놓친다.

15 휴면계좌와 휴면보험금을 정리한다. 휴면계좌와 휴면보험금이 있는지 확인한 후 쓰는 통장과 안 쓰는 통장을 분리해 통

장을 정리한다. 이때 예금자보호법에 따라 금융기관별(지점별이 아
닌) 개인당 원리금이 5천만 원이 넘지 않도록 한다.

● 휴면계좌 및 휴면보험금 조회 http://www.sleepmoney.or.kr, http://www.knia.or.kr

16 가격비교 사이트를 활용하여 최저가로 물건을 구입한다. 사
고 싶은 물건이 있다면 미리 가격비교 시이트를 통해 반드시
비교해보고 꼭 필요한 물건인지 세 번 이상 생각한다. 옷, 신발,
가방 등 큰돈을 들여 오래 써야 하는 물건을 살 때는 브랜드를 보
고 반드시 A/S를 받을 수 곳에서 사야 한다. 또 백화점의 신상품
보다 50~80% 이상 가격이 싼 이월상품이나 아울렛 매장에서 물
건을 사는 것도 절약할 수 있는 좋은 방법이다. 만약 백화점에서
물건을 살 일이 있다면, 근처 구둣방에서 상품권을 구입하면 5%
정도 더 싸게 살 수 있다.

17 자기계발비는 절약 제외 대상이다. 단, 이때 무엇을 위해 하
는 것인지 구체적인 목표를 갖고 투자의 성과를 측정할 수
있는 분명한 기준을 미리 만들어놓은 다음 자기계발비를 투자하
는 것이 좋다. 수입의 약 5% 정도는 매달 자신에게 투자해 몸값
을 높인다.

18 절대로 보증은 서지 않는다. 보증은 부모, 형제도 서주지 않는다. 사정이 어렵다거나 어쩔 수 없는 사정이 있다면 보증을 서주는 대신 내가 줄 수 있는 한도 내에서 받을 생각 없이 아예 그냥 돈을 주는 것이 낫다. 단, 이때는 사정의 진위여부를 철저히 확인해야 한다.

19 명의를 함부로 빌려주지 않는다. 혹 명의를 빌려간 사람이 사업 등의 상황이 어려워져 부도를 내면 그 모든 책임은 자신이 져야 한다.

20 신용카드의 현금서비스는 사용하지 않는다. 신용카드는 이자율이 최고 30%에 이른다(신용카드의 이자율: 빌린 금액 × 빌린 기간/365 × 서비스율 + 취급수수료). 만약 혹시라도 빌린 금액이 있다면 굳이 결제일을 기다리지 말고 돈이 생기는 대로 바로 갚아서 하루라도 이자 부담을 줄인다. 또한 신용카드의 연회비를 물지 않도록 필요한 신용카드만을 남기거나 되도록 연회비가 없는 카드만을 사용한다. 포인트나 마일리지는 5년 이내에 써서 소멸되지 않도록 한다. 신용카드 대신 바로 통장결제가 되는 체크카드를 쓰면 소득공제율이 더 높다.

21 조상의 주민번호를 안다면 조상 땅이 있는지 찾아보자.

● 서울특별시 인터넷 토지정보서비스 http://lmis.seoul.go.kr

22 소득공제는 필수다. 소득공제는 총 소득 중 일정액을 공제하는 것이다. 살아가면서 쓰는 모든 돈은 대부분 소득공제가 된다. 같이 살지 않더라도 법률상으로 맺어진 부모와 형제들-처가 식구들, 시댁 식구들도-은 공제받을 수 있고(부양가족공제) 아이들 양육비도 함께 공제받을 수 있다. 또 수입이 많은 사람에게 소득공제상품을 몰아서 가입하면 소득공제를 더 많이 받을 수 있다. 연말정산 때 소득공제신청을 못했다면 다음 해 5월에 신청해서 환급받을 수 있으며, 5년 전 누락된 것도 환급받을 수 있다.

저축 노하우 ❶ # 저축률 70% 달성을 위한
                   ## '선 저축 후 소비'

보통 사람들은 먼저 쓰고 나중에 저축하는 '선 소비 후 저축' 방법을 택한다. 그러나 빠른 기간 내에 종자돈을 모으기 위해서는 월 저축 목표를 70% 정도로 정하고 먼저 그 금액만큼 저축한 후 나머지 돈으로 규모에 맞게 지출하는 습관이 필요하다.

만약 지금 살고 있는 집이 월세고 한 달 수입이 그리 많지 않다면 급여의 70% 이상을 저축하는 것이 무리일 수 있다. 그럴 경우 최소한의 비용만을 제외하고 나머지는 먼저 저축을 해버리는 것이 좋다. 한 달 수입의 40%든 50%든 60%든, 일단은 자신의 수입 규모에서 최대한 저축할 수 있는 금액을 정해두고 자동이체가 되도록 하는 것이다. 이렇게 하면서 빠른 기간 내에 전세로 갈아타고 저축액을 더 늘리는 전략을 써야 한다.

★★★ 영미는 집을 사겠다는 의욕이 대단하다. 발품도 팔아보고 부동산에 가서 상담도 받는다. 그런데 정작 모아놓은 종자돈이 없다. 월급쟁이 월급이야 빤한 것이고, 아이들 두 명 키우는 데 어떻게 종자돈을 모으느냐는 것이다. 맞벌이인 영미네는 각종 세금을 빼고 한 달에 총 420만 원의 수입이 있다.

12월		
내용	금액(원)	비율(%)
남편 급여+아내 급여	4,200,000	100
자동차 할부금	500,000	11.9
생활비(식비, 잡비, 공과금 등)	700,000	16.7
통신비(인터넷, 핸드폰 2대)	100,000	2.4
아이들 교육비(한글나라, 책값)	300,000	7.1
아이들 유치원비(식대 포함)	800,000	19
시댁 용돈/친정 용돈	300,000/100,000	9.5
남편 용돈+아내 용돈(교통비 포함)	600,000	14
보험료	500,000	11.9
저축	300,000	7.1

★★★ 희수는 영미네처럼 아이들이 두 명에 수입은 230만 원이지만 매달 150만 원 정도를 저축한다. 자동차는 지출이 커서 처음부터 사지 않았고 아이들 교육은 아직까지는 직접 시키고 있다. 아이들은 항상 주말마다 구립도서관에 가서 책을 빌려오고 구청에서 무료로 대여해주는 장난감을 이용한다. 옷은 친척이나 아는 사람들을 통해 물려 입히고, 경조사가 있을 때는 꼭 인사해야 할 곳에만 돈을 낸다.

12월		
내용	금액(원)	비율(%)
남편 급여	2,300,000	100
생활비(식비, 잡비, 공과금)	350,000	15.2
통신비(인터넷, 집전화, 핸드폰 1대)	60,000	2.6
경조사비	50,000	2.1
남편 용돈+아내 용돈(교통비 포함)	200,000	8.7
적립식펀드 2개	400,000	17.4
보험	200,000	8.7
청약저축	100,000	4.3
주식투자	500,000	21.7
상호신용금고 적금	300,000	13
CMA 예비비	140,000	6.1

　영미가 전세로 살 때 희수네는 월세로 시작했다. 희수는 '월세는 전세를 가기 위해 돈을 모으는 기간'으로 생각하고 전세로 옮기기 위해 월급의 70% 이상을 저축했다. 그리고 지금 전세를 살면서 2년 뒤에는 내집마련을 하겠다는 목표로 월 저축액을 71.3%로 잡았다. 또 전세 만기와 적금 만기, 적립식펀드 등의 만기를 모두 2년으로 설정해두었다.

★★★　지방이 고향인 효민이는 직장 근처에서 언니와 함께 방을 얻어 생활하며 생활비는 반씩 내고 있다. 보너스가 있는 달에는 남는 돈을 적립식 펀드에 넣거나 CMA 계좌에 넣는다. 효민이는 현재 월급의 50% 정도를 저축하고 있다. 월세를 내고 있지만 언니와 함께 돈을 모아 전세로 옮긴다면 저축률을 60%까지 높일 수 있으리라 생각한다.

12월		
내용	금액(원)	비율(%)
급여	1,300,000	100
생활비(월세, 식비, 잡비, 공과금)	300,000	23.1
통신비(핸드폰)	20,000	1.5
경조사비/부모님 환갑 적금	30,000/100,000	10
용돈	100,000	5.6
보험(건강보험+암보험)	50,000	3.9
운동(헬스)	30,000	2.3
청약저축	100,000	5.6
자유석립식펀드 4개	370,000	28.5
상호신용금고 적금	200,000	15.3
CMA 남는 돈	54,600	4.2

　　많은 사람들이 '저 사람은 돈을 많이 버니까 남들보다 돈을 빨리 모을 것'이라고 생각한다. 물론 그 말도 맞다. 하지만 얼마를 버느냐보다 얼마를 저축하느냐가 더 중요하다. 지금 나의 형편에서 얼마를 저축할 수 있느냐가 아니라, 몇 년 안에 얼마를 모으겠다는 생각으로 저축 계획을 세워야 하는 것이다.

　　3년 안에 5천만 원을 모으겠다고 목표를 세웠다면 매달 150만 원은 저축액으로 떼어 놓고 나머지 돈으로 생활비 지출 계획을 세워야 한다. 물론 펀드나 주식 등 수익률이 높은 곳에 투자해서 더 적은 돈으로 목표액을 달성할 수도 있지만, 처음 종자돈을 모을 때는 최선의 결과보다 최악의 경우를 생각하여 안정적으로 저축 전략을 세우는 것이 좋다.

저축 노하우 ❷ 금리 비교 후 예·적금 가입하기

집을 살 시기를 정했다면 그 시기에 맞추어 적금과 전세 만기를 설정해놓는 것이 좋다. 적금을 들 때는 기간을 장기간으로 설정하는 것보다 단기간으로 설정하는 것이 더 좋다. 6개월 혹은 1년 단위로 모았던 돈을 '더 큰 목돈'으로 굴리는 전략은 내집마련의 기회를 포착하는 절호의 기회가 될 수 있다.

적금을 들기 전에는 금리를 비교할 수 있는 사이트에 들어가서 은행, 증권회사, 투자신탁, 종합금융회사, 우체국, 상호저축, 농협, 신협, 새마을금고 등의 적금 금리를 비교한 후 가입한다.

금리비교 사이트
- 전국 은행 연합회 www.kfb.or.kr
- 토탈 금융 사이트 www.moneta.co.kr

대부분의 사람들은 적금이라 하면 우리가 자주 거래하는 은행권의 상품만 생각하지만, 사실 이자는 상호저축은행이 더 높다. 상호저축은행이 믿을 만한 곳인지 의심하는 사람도 있는데, 시중은행과 크게 다르지 않다.

다만 상호저축은행에서 적금을 들려면 먼저 'BIS 기준 자기자본비율, 부실여신비율, 수익률, 지급능력여건, 경영공시 내용, 감독당국의 경영평가 결과, 국제신용평가기관의 신용등급' 등을 꼼꼼하게 따져보고 예금자 보호 한도인 5천만 원 내에서 가입하는 것이 좋다.

● 상호저축은행중앙회 www.fsb.or.kr

연인이나 맞벌이 부부가 함께 공동명의로 통장을 만드는 것도 종자돈을 빨리 모을 수 있는 방법이다. 부부의 월급을 한 통장에 몰아넣고 돈을 공동으로 관리하는 것이다.

하지만 이 경우 만약의 일을 대비해 통장을 두 사람 이름으로 만들고, 주거래자는 한 사람으로 하되 사인이나 도장은 주거래자가 아닌 사람의 것으로 찍거나 두 개로 찍어놓는 것이 좋다. 두 사람이 돈을 언제부터 얼마나 넣었다는 친필서류를 만들어 각각 한 부씩 보관하는 것도 좋은 방법이다.

나에게 맞는 청약통장 가입하기

통계청에 따르면 현재 청약통장의 1순위 가입자는 8백만이 넘는다고 한다. 앞으로는 무주택기간, 부양가족수, 가입기간에 따라 점수를 부과하는 청약가점제가 실시되기 때문에 자녀가 세 명 이상이면서 소득이 적고 부모를 부양하는 경우에 청약통장을 더 유리하게 활용할 수 있게 되었다. 그렇다면 자녀도 없고 부모를 부양하지도 않는 20~30대 싱글 여성은 청약통장을 가입하지 않아도 되는 것일까?

아직 집이 없는 싱글 친구가 청약을 들어야 하나 고민하고 있길래 '청약 통장을 가입하는 것이 그래도 좋을 것'이라고 조언해주었다. 청약가점제 하에서도 가점제와 예전의 추첨제를 동시에 시행하기 때문에 청약통장은 만들어두는 것이 좋다.

특히 25.7평 이하의 경우 추첨제와 가점제를 75:25의 비율로, 중대형의 경우 추첨제와 가점제의 비율을 50:50으로 설정해 혼자 사는 사람들과 부양가족이 적은 세대에게도 당첨 혜택이 돌아갈 수 있도록 했다. 그러므로 하루빨리 청약통장에 가입해 1순위를 만들어 놓고 청약 전략을 세워야 한다. 청약가점제에 의해 자신의 점수를 계산했을 때 35점 이상이 되어야 당첨 확률이 높다.

청약통장은 기존 아파트가 아닌 새아파트를 분양받을 경우에 사용할 수 있는 통장이기 때문에 투기과열지구에서 당첨되면 5년간 1순위 자격이 제한된다. 즉 한 번 당첨이 되면 5년 동안은 주택 청약을 할 수 없다. 그러므로 한 번 당첨이 되고 청약 기회를 제한받고 있다면, 기존 아파트나 청약통장이 필요 없는 미분양 아파트를 사는 것이 더 좋은 방법이 될 수 있다. 하지만 이 경우에도 청약통장은 기본적으로 만들어두는 것이 좋다.

우리나라 아파트의 유형은 국가에서 제공하는 국민주택, 민간이 제공하는 건설중형 국민주택, 민간이 제공하는 대형 민영주택으로 나뉜다. 청약통장은 그중에서 자신이 원하는 집을 골라 분양을 받기 위한 수단이다. 총 세 개의 통장 중 일인당 한 개를 만들어 청약할 수 있다.

청약예금 ● 일반 건설회사가 짓는 아파트를 분양받기 위한 통장이며 처음 가입할 때 목돈을 넣어야 한다. 금액에 따라 청약할 수 있는 평수가 달라진다. 가입 후 2년 경과 후 1순위 자격을 얻을 수 있다. 이때 큰 평형 예치금으로 작은 평형을 청약하는 것은 바로 가능하지만, 작은 평형 예금인 경우 예치금을 늘리고 나서 1년이 지나야만 청약이 가능하다. 청약저축이나 청약부금의 경우도 마찬가지다. 1순위라 해도 청약예금으로 변경하려면 예치금을 맞추고 1년을 기다려야 한다.

청약저축 ● 매달 2~10만 원까지 자유로이 불입 가능하다. 대부분 집이 없는 무주택자의 경우 청약저축을 든다. 만 20세 이하인 경우, 세대원이 있는 세대주일 경우, 그리고 60세 이상의 직계존속을 부양하는 사람의 경우, 또 세대원 전체가 무주택자인 경우 가입이 가능하다. 현재 청약저축은 국민은행, 우리은행, 농협중앙회에서 가입할 수 있고 1순위가 되려면 24회차를 납입하면 된다. 분양아파트뿐만 아니라 임대아파트를 분양받을 수도 있다. 만약 임대아파트를 분양받는다면 청약통장을 안 쓴 것과 동일하게 취급되어 다시 분양을 위해 청약통장을 사용할 수 있다.

청약부금 ● 매달 5~50만 원까지 불입 가능하다. 1순위가 되려면 24회를 납입해야 한다. 청약부금은 전용면적 25.7평(85㎡) 이하의 집을 가졌거나, 혹은 민간 건설업체에서 짓는 집을 살 사람들이 가입한다.

구분	청약예금	청약부금	청약저축
가입대상	20세 이상 국민	20세 이상 국민	무주택 세대주
납입방법	200~1500만 원 일시 납입	5~50만 원 매월 납입	2~10만 원 매월 납입
가입은행	시중 은행	시중 은행	국민은행, 농협, 우리은행
청약 가능 아파트	민간 건설 소형·중형·대형 아파트 (규모 제한 없음)	민간 건설 소형 아파트 (민영주택 85㎡ 이하)	주공 등 공공에서 건설하는 소형 아파트 (국민주택 85㎡ 이하)
1순위 대상	가입 기간 2년 이상 각 평형별 예치금액 이상	가입 기간 2년 이상 지역별 예치금액 200~300만 원 이상	매월 1회씩 24회 이상 납부자

평형별 청약통장 예치 금액 단위 : 만 원

구분		서울·부산	기타 광역시	기타 시·군
청약부금		300	250	200
청약예금	85㎡ 이하	300	250	200
	85~102㎡ 이하	600	400	300
	102~135㎡ 이하	1000	700	400
	135㎡ 초과	1500	1000	500

분양 아파트 유형별 입주자 선정 방식

구분		공공택지		민간택지	
		공공주택	민영주택	민영주택	
85㎡ 이하 (국민주택 규모)	청약 방법	순위·순차제	추첨제	추첨제	
	저축 종류	청약저축	청약예·부금	청약예·부금	
				투기과열지구 內	투기과열지구 內
	청약 자격	무주택 세대주	무주택 세대주 우선공급 75%	무주택 세대주 우선공급 75%	일반공급 100%
			일반공급 25%	일반공급 25%	
85㎡ 초과 (중대형 아파트)	청약 방법	채권입찰제	채권입찰제	추첨제	
	저축 종류	청약예금	청약예금	청약예금	
	청약 자격	일반공급 100%			

❶ 가점 적용방안(최대 84점)

가점항목	가점기준	점수	비고
무주택 기간 (32점)	1년 미만	2	• 입주자 모집공고일 현재 세대주 및 세대원 전원(배우자의 직계존속 포함)이 무주택자여야 한다. 단, 현재 20㎡ 이하 단독주택(아파트 제외) 소유는 무주택으로 인정한다. • 무주택 기간은 세대주(가입자)와 그 배우자의 무주택 기간을 산정한다. 무주택 기간은 만 30세를 기산점으로 하되, 30세 이전에 혼인한 경우 혼인신고한 날부터 계산한다.
	1년 이상 ~ 2년 미만	4	
	2년 이상 ~ 3년 미만	6	
	·	·	
	·	·	
	13년 이상 ~ 14년 미만	28	
	14년 이상 ~ 15년 미만	30	
	15년 이상	32	
부양가족수 (35점)	0명	5	• 부양가족은 동일한 주민등록등본에 등재된 직계존 · 비속(배우자의 직계존속 포함)으로 구성한다. 다만, 직계존속을 부양하는 경우에는 세대주로서 3년 이상 계속 부양하여야 하고 자녀는 미혼 자녀로 한정한다.
	1명	10	
	2명	15	
	3명	20	
	4명	25	
	5명	30	
	6명 이상	35	
가입기간 (17점)	6개월 미만	1	• 입주자 모집공고일 현재 청약신청자의 청약통장 가입 기간을 말한다.
	6개월 이상 ~ 1년 미만	2	
	1년 이상 ~ 2년 미만	3	
	·	·	
	·	·	
	13년 이상 ~ 14년 미만	15	
	14년 이상 ~ 15년 미만	16	
	15년 이상	17	

❷ 감점 적용방안

2주택 이상 보유자는 1순위 청약제한 외에 2순위에서도 보유 호수별로 5점씩 감점 부여한다.
(예: 3호 보유하고 있을 경우 15점 감점)

※ 현행 85㎡ 이하 민영주택의 무주택 세대주 우선공급제는 가점제로 흡수한다. 투기과열지구 및 공공택지 내 85㎡ 이하 민영주택 중 75%를 무주택 세대주에게 우선공급하는 제도는 가점제로 흡수된다.

가족과 떨어져 독립적으로 생활할 경우 주민등록을 이전함과 동시에 1세대를 구성하면서 세대주가 될 수 있다. 만약 부모님과 같이 산다면 세대주로 독립하여 청약저축에 가입하면 된다. 세대주로 독립하기 위해 따로 집을 구해 나올 필요는 없으며 동사무소에서 전입신고를 하면 된다. 전입신고는 주소를 옮기는 것을 말하는데, 양해를 구하고 친한 이의 주소로 옮겨놓으면 된다. 세대주가 되면 주민세가 6천 원 정도 나온다.

어떤 게 어떤 건지 그래도 모르겠다고? 쉽게 설명하자면 무주택자인 경우 세대주로 독립해 청약저축을 가입하는 게 좋다.

25.7평 이하의 집이 있지만 33평 이하의 집을 다시 분양받고 싶다면 청약부금을 가입하고, 중대형 평형을 분양받고 싶다면 청약예금을 가입하면 된다.

연애 시절 나는 집을 사지 못할 경우를 대비해 신랑에게 친척집으로 전입신고를 하게 하고 매월 10만 원씩 청약저축을 가입하라고 권유했다. 매달 10만 원을 채워서 넣으면 연간 총 납입금액의 40%까지 소득공제를 받을 수 있었기 때문이다. 청약저축은 부금이나 예금에 비해 금리도 높고 소득공제도 많이 받을 수 있다.

나는 13만 원씩 2년 동안 청약부금을 들어 1순위 자격을 만들어두었다. 만약 민영 아파트를 사지 않을 경우 신랑이 들어둔 청약저축을 사용해 국가에서 제공하는 주택을 분양받을 생각이었고, 소형 아파트를 산다면 중대형 평수를 분양받기 위해 청약부금을 예금으로 전환해 사용할 예정이었기 때문이었다.

결혼 계획이 있는 싱글인 경우, 세대주가 될 사람은 청약저축을, 세대주의 배우자가 될 다른 사람은 부금이나 예금 등을 가입하는 것이 좋다. 싱글이라면 청약저축을 필수로 가입해놓고 혹시라도 큰 평형을 노린다면 예금을 가입해놓는 것이 좋다.

청약통장 만들기는 끝이 아니라 내집마련의 '전초전'에 불과하다. 요즘은 대부분 인터넷뱅킹을 사용하니 크게 문제될 게 없지만, 혹시라도 아직 인터넷뱅킹을 사용하지 않는다면 미리 은행에 가서 인터넷뱅킹 신청을 해두는 것이 좋다. 청약통장에 가입한 사람들은 등본, 신분증, 청약통장을 들고 지점을 방문해 인터넷뱅킹을 신청한 후 인터넷으로도 청약등록을 할 수 있는 절차를 밟아놓자. 청약가점제가 실시되는 2008년 전까지 청약에 당첨되는 것은 대부분 '무작위' 선출이기 때문에 계속적으로 청약을 반복해 당첨될 수 있는 확률을 높이는 것이 좋다.

또 청약을 하기 위한 분양정보를 수시로 수집하는 것 역시 매우 중요하다.

청약정보와 아파트 시세를 알려주는 사이트
- 국민은행 www.kbstar.com _ 일반 부동산 사이트보다 가격이 낮게 형성되어 있다.
- 부동산뱅크 www.neonet.co.kr _ 과거 시세를 볼 수 있다.
- 부동산114 www.r114.com _ 부동산중개업소에서 많이 이용하는 사이트다.
- 닥터아파트 www.drapt.com _ 동호회가 활성화되어 있어 자세한 정보를 많이 얻을 수 있다.

● 20대 후반~30대 초반의 싱글들을 위한 장기주택마련통장

장기주택마련통장은 장기주택마련저축과 장기주택마련펀드(통칭 장마로 줄여 표현)의 두 가지로 나뉜다. 이것은 주택을 마련하기 위한 통장이 아니라 목돈을 만들기 위한 통장이다. 그저 '무늬'만 주택마련통장이라고 부를 뿐 사실 주택과는 관련이 없다. 일시적으로 2009년 12월까지만 판매하는 상품으로 대체로 20대 후반부터 내집마련을 시작할 30대 초반의 싱글들에게 적합한 상품이다.

장마저축이나 펀드를 들기 위해서는 반드시 만 18세 이상의 세대주여야 하고, 무주택자이거나 주택이 있다면 전용면적 25.7평 이하에 기준시가 3억 이하여야 한다. 가입할 당시에만 이 조건이 충족되면 장마 상품에 가입할 수 있고, 가입 후 그 조건이 사라질 경우가 생기면 이자는 그대로이고 소득공제 혜택만 받지 못하게 된다.

이 상품은 특히 장기로 7년 이상 가져갈 수 있느냐에 먼저 초점을 두고 가입해야 하고, 연봉이 3천만 원 이상일 경우라면 제대로 된 소득공제혜택을 받을 가능성이 높지만 그 이하는 실질 소득공제혜택이 적다. 가입기간은 7~50년까지이고, 은행마다 다르지만 대체로 7년이 넘어야 비과세이며 소득공제(62만 5천 원을 넣어야 공제 효과가 최대)를 받을 수 있다.

소득공제를 받을 경우에는 7~10%까지 실질 수익률이 있는 상품이라고 하나, 목돈이 필요해 그 전에 해약하면 소득공제 받은 비용을 도로 내야 하는 단점이 있다. 만약 한 달에 90만 원을 장마에 넣는다면 7년이 되면 원금과 이자를 합해 1억 정도를 탈 수 있다. 그러나 급한 일로 목돈이 필요하거나 내집마련을 중도에 할 사람들에겐 돈이 묶이는 족쇄가 될 수 있다. 만약 이 통장을 가입할 계획이라면 장마저축과 펀드는 비율을 6:4 정도로 들어놓는 것이 좋다.

장마 저축은 일반 은행에서 판매하고 장마 펀드는 증권사, 종금사, 그리고 일부 은행에서만 판매한다. 분기(3개월)당 300만 원한도 내에서 자유롭게 불입할 수 있다.

나의 경우는 통장을 열 개로 만들고 분기별 한도를 통장 한 개당 30만 원으로 설정해놓았다. 통장을 여러 개 만든 것은 혹시 통장을 해약해야 할지도 모르는 상황에 대비하기 위해서였다. 그리고 장마에 목돈을 묶어놓기보다 비과세 시점이 되는 5~7년 이후에 단기간 돈을 넣어 불릴 때 언제라도 찾아 쓸 수 있게 만들어놓은 것이다. 그리고 그중 일부 통장은 30년 뒤 아이들을 위한 비과세 통장으로 활용하기 위해 만들어놓은 것이다.

장마 펀드의 경우 주식형이나 채권형, 혼합형 등으로 투자성향을 설정할 수 있다. 그러므로 7년 동안 돈을 묶어두어야 한다는 단점이 있지만 길게 내다보고 제대로만 고르면 이자율이 3~6%인 장마 저축보다 수익이 더 높을 수 있다.

몸값을 높여 잉여현금을 확보하라

돈을 모으는 데는 세 가지 방법이 있다.

첫째, 잉여현금을 확대하는 것이다. 이는 자신의 일에 충실해 몸값을 높이거나 투잡을 통한 수입의 증가가 있다.

둘째, 소득공제나 절약을 통해 지출을 통제하는 방법이다.

셋째, 금융상품과 부동산, 주식 등에 투자를 하는 것이다.

이 세 가지 방법을 모두 활용해 종자돈을 모으고 굴려야 하지만 그중에서도 자신의 몸값을 높이는 것은 수많은 기회와 수익을 창출할 수 있는 가장 좋은 방법이다. 자신의 가치를 높여 수입이 두 배가 되면 내집마련을 하는 시간도 절반으로 줄어들 수 있기 때문이다.

몸값이 높아진다는 것은 곧 자금의 유동성이 높아진다는 뜻이다. 요즘과 같은 저금리 시대에 한 달 수입을 50만 원 더 높인다면 1억 원의 대출이자를 감당할 수 있고, 100만 원을 높인다면 2억 원의 대출이자를 감당할 수 있는 셈이다. 그러므로 지출을 줄여 아끼는 것도 중요하지만 자신의 가치를 높이는 것 또한 절실한 과제가 되어야 한다.

현금이 부족해 숨이 탁탁 막힐 정도로 자금 회전이 안 된다면 내집마련은 기회가 아닌 스트레스가 된다. 현금 흐름을 높일 수 있도록 먼저 자신의 몸값을 높이고 수입을 증대시켜 그 금액을 금융상품 등으로 투자해 원금을 불려나가도록 해야 한다.

잉여현금을 확대하는 가장 좋은 방법은 좋아하는 일을 직업으로 삼고 좋아하는 일, 내가 즐거워서 어쩔 줄 모르는 일로 돈 버는 구조를 만드는 것이다.

그러나 만약 내가 좋아하지 않는 일을 하고 있고 앞으로 이 일로 자신의 가치를 높일 수 있는 상황이 아니라면 어떻게 할 것인가?

일단 자신의 적성이 어떤 것인지, 무엇을 할 때 가장 즐거운지 끊임없이 연구하고 시도해본다. 그리고 좋아하는 일을 찾았다면 그것을 어떻게 수익과 연결시킬 수 있을지 생각해본다. 좋아하는 일이 뭔지 모르겠다고 수동적인 자세로 기다리고만 있으면 자신의 가치를 찾을 수도 몸값을 높일 수도 없다.

자기가 좋아하는 일, 잘하는 일을 찾고 자기 능력을 향상시키는 건 그리 어려운 일이 아니다.

우선 매일 책을 읽도록 시도해보자. 출퇴근 시간에 30분이라도 책을 읽으면 일주일에 최소한 한 권 정도는 읽을 수 있다. 책을 읽으면 다양한 지식을 접하고 생각의 폭이 깊어지면서 지금까지 자기가 몰랐던 세계에 눈을 뜨게 된다. 그리고 자기 자신도 몰랐던 자기의 재능과 길을 찾을 수도 있다.

그리고 내가 되고 싶은 모습을 상상하면서, 그렇게 되기 위해 지금 무엇을 해야 하는지 계획하고 하루하루 어떤 것을 이뤄나가고 있는지 점검해본다.

또 자기가 좋아하는 분야의 세미나나 강연회 등에 참석해 다양한 사람을 접해보도록 노력한다. 꼭 그곳에서 낯선 사람들과 인맥을 만들어야 한다는 부담을 가질 필요는 없다. 그렇게 생각하고 가면 오히려 부담스러워지니까 마음 편히 가면 된다. 세미나, 강연 등을 듣다 보면 세상에는 자기 일에 정열적으로 몰두하고 멋지게 사는 사람이 참으로 많다는 걸 새삼 느끼게 된다. 그런 사람들을 많이 볼수록 자극을 받게 되고, 자신도 그렇게 되겠다는 목표를 갖게 된다.

가능하다면 매일 내가 무엇을 했는지 기록하는 습관을 갖도록 하자. 이런 습관은 자기에게 주어진 소중한 시간을 어떻게 활용하고 있는지 되돌아보게 하며, 점점 효율적으로 시간관리를 하도록 해준다. 단지 기록하는 것만으로도 그만큼의 효과를 얻을 수 있다.

이런 사소한 것들부터 하나씩 실천해간다면 자기가 좋아하는 일을 찾고 가치를 높이는 건 그리 어려운 일이 아니다.

투자 노 하 우 **❷** # 내 스타일에 맞는
투자 상품 선택하기

● 월급쟁이라면 CMA가입은 필수!

★★★ 직장생활 7년차인 현지, 그녀의 말에 따르면 투자는 머리를 쓰는 일이라기보다 '몸을 부지런히 움직이는 일'이다. 움직이는 것을 귀찮게 생각하면 종자돈을 불릴 수 없다. 하긴, 은행 가기 귀찮아서 통장 만드는 걸 몇 달이나 미뤘던 적이 얼마나 많은가.

현지는 작년부터 CMA 통장에 급여이체를 해놨다면서 CMA 통장은 '한 푼이 아쉬운 월급쟁이라면 반드시 만들어야 할 상품'이라고 추천한다.

현지는 CMA 통장에 100만 원 이상의 목돈이 생기면 발행어음을 매수한다. 그런 현지를 보고 친구들은 이렇게 말한다.

"뭐 그렇게 인생 복잡하게 사니? 주거래 은행을 만들고 적금 넣는 게 낫지 않아?"

하지만 CMA를 가입하고 발행어음을 매수하면서 현지는 알짜

부자가 된 것 같다고 말한다. 게다가 작년에 가입해 매달 20만 원씩 불입한 6개월밖에 안 된 펀드는 벌써 25만 원 남짓한 수익을 올려 늘어나는 이자를 확인하는 재미가 쏠쏠하다.

CMA^{Cash Management Account}는 종합금융회사가 고객의 예탁금을 어음 및 국공채에 투자하는 것으로 개인 소액 투자자들을 위한 상품이다.

동양종금 CMA 통장이 직장인들 사이에서 히트를 치자 일반 시중 은행이나 증권사에서 너도나도 CMA 상품을 내놓았다. CMA는 일반 은행의 자유입출금식 통장처럼 입출금이 자유로우며 카드대금, 보험금, 공과금 납부 등의 자동이체도 가능하다.

CMA 통장이 일반 통장과 다른 장점은 하루만 맡겨도 이자가 붙는다는 것인데 금리는 3.8~4.6% 정도 된다. 예금자 보호는 5천만 원까지 되며(일부 증권사 제외) 종금사나 은행에서 가입 가능하다.

발행어음은 은행의 정기예금과 유사한데, 금리가 1~2% 정도 더 높은 것이 장점이다. 세금우대가 가능하며 예금자 보호도 받을 수 있는 상품이지만 100만 원 이상만 투자할 수 있고, 중도해지할 경우 수수료를 내야 한다.

초보자를 위한 CMA 가입 Q&A

1. 자동이체는 어떻게 하나요?

계좌번호는 CMA의 계좌번호가 아닌 가상연계계좌의 번호로 지정합니다.

2. 타행이체는 가능한가요?

타행이체가 가능하며 일부 은행 간에는 수수료가 부과됩니다.

3. 입금은 어떻게 하나요?

은행 연계계좌로 돈을 보내면 됩니다. 연계계좌에 입금이 되면 자동으로 CMA 통장으로 돈이 들어옵니다. 일부 CMA 상품은 ATM 기계에서 입금이 안 됩니다.

4. 단점은 없을까요?

계좌이체수수료를 물지 않기 위해 월급통장을 연결하거나 적립식펀드를 들어놔야 한다는 것! 월급통장을 연결하거나 적립식펀드를 들면 타행 계좌이체수수료를 물지 않습니다.

5. 종금사 CMA 종류와 연계은행을 알려주세요.

동양종금의 CMA는 우리, 농협, 국민, 신한 등에서 연계계좌를 만들어야 하고 현금카드를 제공합니다. 금호종금의 CMA는 국민은행의 연계계좌를 사용하고 현금카드를 제공하며, 한불종금의 CMA는 우리은행 연계계좌를 사용하고 현금카드는 없습니다. 가능하면 세금우대형 CMA로 가입하는 것이 좋습니다.

6. 증권사의 CMA는 종금사의 CMA와 어떻게 다른가요?

증권사에서 판매하는 CMA도 종금사의 CMA와 비슷합니다. 연계계좌, 현금카드가 있고 인터넷뱅킹도 가능하며 자동이체 서비스도 가능

합니다. 연계계좌는 국민이나 우리은행 등입니다. 현대증권과 한화증권의 CMA 상품 외 나머지는 비보호 예금상품입니다.

7. CMA는 어떤 사람에게 유리한가요?

주식거래를 하는 사람들에게 유리합니다. 주식거래를 할 경우 돈이 통장에 있어도 이자가 붙지 않지만 증권사의 CMA 통장으로 주식을 거래하면 3% 정도의 이자가 붙기 때문입니다.

8. 꼭 직접 가야 만들 수 있나요?

가입 시에는 직접 방문해야 합니다. 인터넷으로도 가입 가능하지만, 직접 방문했을 경우에만 현금입출카드가 발급되기 때문입니다. 그러나 가입 뒤에는 다시 지점에 가지 않아도 되며 자동이체, 인터넷뱅킹 등을 활용하면 됩니다.

● 적금보다 수익률 좋은 적립식 펀드 꼭 하나 가입하기!

재테크를 위해 펀드는 한두 개 정도 가입하는 것이 좋다. 잘만 고르면 적금보다 높은 수익률을 올릴 수 있기 때문이다.

펀드Fund란 간단히 말해 '일정한 목적을 위해 여러 사람으로부터 모은 자금의 뭉칫돈'을 말한다. 돈을 넣는 방식에 따라 크게 거치식(큰돈을 한꺼번에 넣는 것)과 적립식(매달 돈을 넣는 것)으로 나뉘고, 적립식 펀드는 또 매달 일정액을 넣는 정액적립식과 금액을 자유롭게 납입하는 자유적립식 두 가지로 나뉜다. 은행, 증권사, 종금사 등에서 가입 가능하지만 아무래도 전문적인 상담이 가능한 증권사나 종금사 등에서 가입하는 게 더 유리하다.

나는 2004년도에 처음 정액적립식 펀드를 가입했다. 적금의 수익률은 만족스럽지 않고 주식을 하자니 신경 쓰는 게 싫고. 그런 와중에 마침 적립식 펀드가 눈에 들어왔다.

목돈을 예치하는 거치식 펀드는 실적배당형(실적에 따라 돈을 주는) 간접투자 상품이기 때문에 짧은 기간에 많은 수익을 낼 수도 있지만 단기간에 하락할 수 있는 위험부담도 있다. 때문에 소액으로 장기간 투자하는 것이 최상의 방법이라고 생각하고 매달 정기적금처럼 부을 수 있는 적립식펀드를 선택했다.

예상대로 주가는 상승장에 돌입했고 만기보다 일찍 해지해 수수료를 많이 떼었는데도(만기보다 일찍 해지 시 해지 전 3개월간 올린 수익률의 70%를 수수료로 내야 한다) 약 1년 10개월 동안 원금의 60% 정도의 수익률을 냈다.

1. 펀드 가입할 때 고려할 점은 어떤 게 있을까요?

자신의 펀드수익률 목표가 얼마인지, 얼마까지 손실이 나면 해지할 것인지, 펀드의 액수와 기간을 어떻게 정할 것인지를 명확하게 생각한 후 가입해야 합니다. 어떤 사람은 펀드 가입 후 얼마 되지 않아 손실이 났다고 바로 해지를 고민하기도 하는데 겨우 1~2개월 동안 수익이 안 난다고 고민할 필요는 없습니다. 마이너스 수익률의 하한선을 정해놓고 그 범위가 넘지 않았다면 최소 1년은 기다리는 것이 좋습니다.

2. 어떤 상품을 가입하는 것이 좋을까요?

'주식형(고위험)/주식혼합형(중위험)/채권혼합형(저위험)/채권형(저위험)' 중에서 자신의 성향에 맞는 상품을 고르면 됩니다. 위험도가 큰 것을 감수할 수 있다면 주식형을 가입하는 것도 좋습니다. 가장 큰 수익을 내기 때문입니다. 모든 것이 그러하듯이 본인의 상황에 적합한 투자 목적을 가진 상품을 골라야 합니다.

3. 국내펀드, 해외펀드의 차이점은 뭔가요?

20~30대 공격형 투자자에게 가장 적합한 국내 주식형 펀드는 환매시(찾을 때) 세금을 거의 떼지 않습니다. 그러나 해외펀드는 세금우대로 가입해 큰 수익을 내도 환율로 인해 위험도가 크기 때문에 기대 이상의 수익을 보기 힘든 경우가 많습니다.

4. 펀드의 안정성 수익률 등은 어떻게, 어떤 기준으로 확인하나요?

평균수익률, 표준편차, 시장민감도(β), 샤프지수Sharpe ratio, 트레이너지수Treynor ratio, 알파 등을 살펴봐야 합니다. 위험대비 평균수익률이 높으면서 시장민감도가 적고 샤프지수, 트레이너지수가 높은 것을 고르는 것이 가장 좋습니다.

- **평균수익률** 종합주가지수나 다른 펀드에 비해 평균수익률이 높은 펀드를 골라야 합니다. BM수익률이, 일명 벤치마크 수익률이 기준이 됩니다.

- **표준편차** 투자의 위험 정도를 말합니다. 다른 말로 변동성이라고 하는데 표준편차가 클수록 위험도가 큽니다.

- **시장민감도(β)** 주식시장과의 연계성에서 얼마나 민감하게 반응하는가 하는 정도입니다.

- **샤프지수(Sharpe ratio)** 평균수익률을 표준편차(위험도)로 나눈 것으로, 이 지수가 높으면 위험 정도에 비해 초과수익률이 높습니다.

- **트레이너지수(Treynor ratio)** 평균수익률을 시장민감도(β)로 나눈 것으로, 이 지수가 높으면 민감도에 비해 초과수익률이 높습니다.

구분	값	순위
평균수익률	48.86%	1%
표준편차	20.01%	97%
시장민감도(β)	0.96	96%
Sharpe ratio	2.24	17%
Treynor ratio	0.47	14%
알파	7.93%	11%

Avg(%)
10 ●
33 ●
67 ●
90 ●
100 ●

Std(%)
● 10
● 33
● 67
● 90
● 100

5. 가입 시점은 언제가 좋은가요?

적립식 펀드는 월초에 가입하는 것이 월말보다 3.26% 유리합니다. 월말의 경우 적립식 펀드로 유입되는 자금이 많기 때문에 주식매입 가격이 비싸질 수 있기 때문입니다.

6. 환매 시점은 언제가 좋은가요?

90일 이내에 해지 시 수수료를 물어야 합니다. 적립식 펀드는 가입 시점도 중요하지만 환매 시점은 더 중요합니다. 주가가 가입 당시보다 많이 급등했다면 환매 수익률이 높습니다. 환매하는 데는 3~4일 정도의 시간이 걸립니다.

7. 가입기간은 얼마나 해야 유리할까요?

일반적으로 펀드는 1~5년 정도로 운용할 수 있는데 적립식 펀드는 장기가 유리합니다. 장기간일수록 주가, 금리 등의 위험이 줄어들기 때문입니다.

펀드 비교 사이트
- 모닝스타코리아 www.morningstar.co.kr
- 펀드닥터 www.funddoctor.co.kr

● 생활의 필요악 보험, 똑소리나게 가입하기!

평범한 사람들의 평범한 목표는 그저 아프지 말고 질병 없이 사는 것이다. 하지만 누구나 알다시피 그건 그렇게 쉬운 일이 아니다. 누구에게 언제 어떤 일이 닥칠지는 아무도 모르기 때문이다. 그럴 때를 대비한 것이 바로 '보험'이다.

물론 보험도 자산이 아닌 하나의 '비용'일 뿐이다. 저축이나 투자가 아니라 불시에 생길지 모르는 큰일에 쓰기 위한 것이기 때문이다. 예상치 못한 사고에도 대처할 수 있는 목돈이 항상 준비되어 있는 사람이라면 굳이 보험은 필요치 않다. 하지만 대다수 서민들에게는 그럴 만한 목돈이 항상 준비되어 있지 않다. 그렇기 때문에 현명하게 보험 가입을 해야 하는 것이다.

보험은 워낙 종류가 다양하고, 또 약관도 복잡해서 일반인이 고르기가 쉽지 않다. 어떤 게 어떤 건지, 심지어 가입을 해놓고도 자기가 어떤 혜택을 받을 수 있는지 모르는 경우도 많다. 이건 아직 많은 사람들이 자기 필요에 의해 찾아서 보험을 가입하는 것이 아니라 주위 사람들의 권유와 인맥에 의해 보험 가입을 하기 때문이다.

그러면 보험 가입은 어떻게 해야 하는지, 어떤 보험 상품을 꼭 가입해야 하는지, 총 수입에서 어느 정도 비율로 지출하는 것이 좋은지 알아보자.

1. 어떤 보험회사를 선택해야 하나요?

보험에 가입할 때는 일단 보험회사를 잘 선택해야 합니다. 먼저 그 보험회사가 튼튼한 기업인지 따져봐야 하는데, 내가 100세 때라도 건재할 만한 회사인지, 국제신용평가기관에서는 신용등급을 몇 등급으로 받았는지도 확인해봅니다.

2. 셀 수 없이 다양한 보험 상품, 어떤 것에 가입해야 하나요?

보험의 종류는 종신, 건강, 정기, 암, 재해, 자동차, 연금, 유니버설, 변액유니버설, CI, 민영의료, 저축, 교육, 어린이 보험 등이 있습니다. 이 가운데 종신보험과 민영의료보험을 같이 들어놓는 것이 최상의 구성입니다. 그것이 어렵다면 최소 건강보험 정도는 가입하는 것이 좋습니다.

사망보험이 필요하다면 정해진 기간 동안 고액의 사망보험금을 지급하는 정기보험을 가입하는 것도 한 방법입니다. 정기보험은 종신보험보다 보험료가 저렴합니다. 종신보험에서 사망보험료를 싸게 하기 위해 정기특약을 넣는데 그것은 정해진 기간 동안 사망보장을 해주는 정기보험과 같은 역할을 합니다.

3. 종신보험과 민영의료보험, 뭐가 다른가요?

종신보험은 자녀나 배우자를 위한 사망보장(한 사람의 장례비용은 약 3천만 원 정도가 든다)과 목돈의 진단비를 보장하고, 민영의료보험은 입원비, 수술비, 약제비, MRI, CT촬영 등의 소소한 비용을 보장합니다. 민영의료보험은 일부 상품에서만 진단비를 지급합니다.

종신보험에 가입할 때는 사망보험료가 저렴하고 암과 2대 질환(뇌졸중과 심장질환), 성인병(동맥경화증 · 고혈압 · 악성종양 · 당뇨병 · 만성폐쇄성폐질환·퇴행성관절염) 보장이 최대인 보험상품을 골라야 합니다. 손해보험은 재해장해보장이 잘 되어 있고 입·통원비 등을 365일 보장하는 곳을 고르는 것이 좋습니다.

4. 한 달 보험료는 얼마가 적당한가요?

필요에 따라 여러 개의 보험을 가입할 수 있겠지만, 보험도 비용이라는 측면에서 생각한다면 너무 많은 금액을 보험에 쏟아부을 수는 없습니다. 자기 수익의 5~8%, 최대 10% 정도가 가장 적절한 보험 비율이라 생각됩니다.

5. 납입기간과 보장기간은 어떻게 설정하는 것이 좋은가요?

설계사들은 납입기간을 최대한 길게 잡는 게 유리하다고 말합니다. 하지만 보험은 할부금과 비슷한 성격으로 할부가 길어지면 내는 금액도 당연히 많아집니다. 그러나 대부분 보험은 2년이 지나면 해약률이 40%에 이르고, 10년 이상 보험을 유지할 확률은 29%, 만기까지 보험을 유지하는 비율은 3~5%에 불과하다고 합니다.

이렇게 만기까지 유지하는 비율이 낮은 것은 납입기간이 너무 길기 때문이기도 합니다. 그러므로 설계사들의 말만 무조건 따르기보다 현실적으로 자기 상황을 따져보고 결정해야 합니다. 자기가 그때까지 보험을 유지할 수 있을지, 가입하기 전에 미리 신중히 생각하고 기간을 정해야 합니다.

6. 아는 사람 중에 보험 가입을 권유하는 경우가 많은데, 어떤 통로로 가입하는 것이 가장 좋은가요?

친척이나 친구의 실적보다 나의 주어진 상황과 환경에 가장 유리하도록 '나에게 맞는 보험'을 선택해야 합니다. 그러자면 아는 사람이 소개해주는 보험상품 외에도 타사의 여러 보험상품들을 미리 조사해보

고 결정해야 합니다. 전화상담으로 가입하건 설계사를 통해 가입을
하건 자신에게 맞느냐가 제일 중요합니다.

7. 보험 가입 시 주의할 점은 없나요?

가입 시 반드시 약관을 꼼꼼히 읽어봐야 합니다. 보험 내용이 자신과
안 맞다고 판단되면 14일 이내에 철회할 수 있습니다.

8. 가입 시기는 언제가 좋을까요?

한 살이라도 어린 지금 가입해야 저렴한 보험료로 많은 혜택을 누릴
수 있습니다.

6개월~1년마다
　　　　재정관리 상담을 받아라

"어떻게 하면 지금보다 더 아낄 수 있을까?"

"나도 모르게 새는 돈은 없을까?"

"대출을 먼저 갚아나가는 것이 좋을까, 아니면 다른 곳에 투자를 하는 것이 좋을까?"

"앞으로 내 인생 전반의 포트폴리오 Portfolio (재정, 일, 인생 등에 대한 청사진)는 어떻게 구성해야 할까?"

본인이 직접 재테크 공부를 해서 스스로 자산관리를 할 수 있다면 가장 좋겠지만 일반인이 그렇게 하기는 쉽지 않다. 또 공부를 한다 해도 전문가보다는 많은 부분을 놓칠 수밖에 없다. 그렇기 때문에 1년에 한두 번 정도는 전문가에게 재정관리 상담을 받아볼 필요가 있다.

전문가에게 서비스를 받으면 가계 내에서 대출, 저축, 보험, 연금과 노후대비, 교육비, 생활비 등이 어느 정도 나가고 있는지,

또 적정 비율은 어느 정도인지 알 수 있고, 현재의 상황에서 어떤 방법으로 투자와 저축이 가능한지를 알 수 있다. 다만 금융권, 증권사 등에서 재정관리 상담을 받으면 내집마련보다는 금융상품에 치우친 상담만을 해주는 경향이 있어 그 점을 염두에 두어야 한다.

정기적으로 재정관리 상담을 받으면 돈이 쓸데없이 나간다거니, 투자할 수 있는 목돈을 그냥 방치해두거나 하는 일이 없어진다. 목돈을 가지고 있으면서도 돈을 불리는 방법을 몰라서 혹은 귀찮아서 그냥 묵혀두는 사람들이 의외로 많다.

실제로 내 주위에도 적금 하나 넣지 않고 보통예금통장에만 3천만 원이 넘는 목돈을 넣어두고 있던 친구가 있었다. 왜 그 돈을 그냥 넣어두고만 있느냐고 했더니, 이유는 딱 하나 "돈 관리하는 것이 귀찮다"는 것이었다.

그래서 나는, 정 귀찮으면 CMA 통장을 만들어 차라리 거기다 목돈을 다 넣어두라고 얘기해줬다. 이자율이 더 높다고 얘기해줘도 그깟 몇 퍼센트 이자가 얼마나 큰 차이가 나겠냐고 시큰둥해하며 통장 개설하러 가는 것도 귀찮다고 마다하던 친구를 나는 억지로 끌고 가서 통장을 개설하도록 해줬다.

그런데 그 친구는 한 달이 지난 후 벌써 이자가 몇 만 원이나 붙었다며 즐거워했다. 그리고 6개월쯤 지난 후에는 CMA 통장을 개설하면서 가입한 주식형 펀드의 이자가 40만 원 가까이 붙었다면서, 또 다른 펀드를 추천해달라고 졸라댔다.

CMA 통장을 개설하고 펀드를 가입하는 건 재테크에 조금만 관심을 가지면 누구나 간단히 시작할 수 있는 일이다. 여기에 전문가의 재정관리 상담을 받으면 단순하게 굴리던 돈을 더 많은 부분에 효과적으로 투자, 관리할 수 있다.

"재정관리 받을 만큼 돈이 많지 않아요."

이렇게 말하는 사람도 분명 있을 것이다. 하지만 재정관리 상담은 돈 많은 사람만을 위한 것이 아니라, 빨리 돈을 모아서 자기 인생의 꿈을 이루고 싶은 사람들을 위한 것이다. 월급이 적으면 적은 대로, 많으면 많은 대로 그 규모에 맞게 효과적으로 돈을 굴리는 방법을 알려주는 것이 재정관리 상담가들의 할 일이기 때문이다.

지출을 줄이는 것에서부터 자녀계획, 내집마련, 집 갈아타기, 노후자금 준비 등 생애 전반의 재테크 전략을 좀 더 효율적으로 세우고 싶다면, 그리고 더 빨리 돈을 모으고 싶다면 전문가의 재정관리 상담을 받는 것이 좋을 것이다.

절약은 기본, 종자돈은 필수, 잉여현금 확보와 투자는 선택이다. 당신은 내집마련을 위해 무엇을 하겠는가?

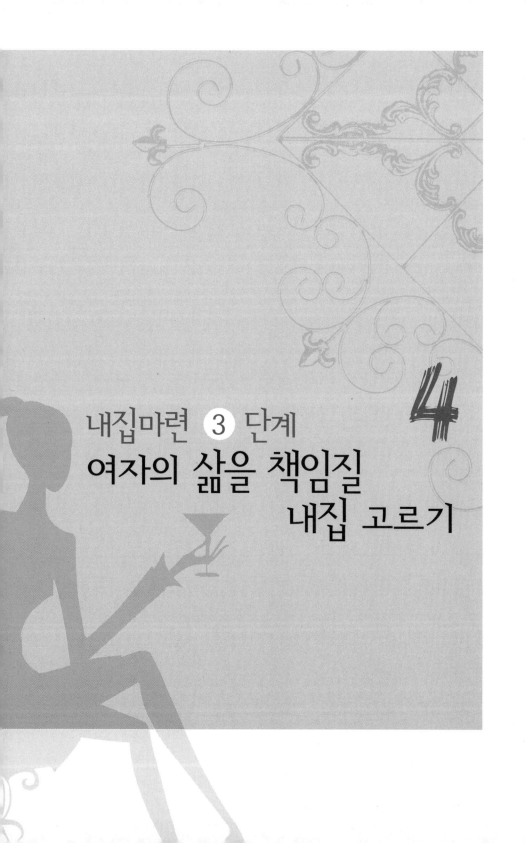

내집마련 **3** 단계

여자의 삶을 책임질
내집 고르기

4

나의 라이프스타일에 맞는 명품 집 선택 방법

나만의 집을 꿈꾸는 싱글이든, 혹은 가족을 위한 기반과 울타리를 열망하는 기혼여성이든 각자의 라이프스타일에 맞으면서 투자가치도 높은 '명품 집'을 선택하고자 한다면, 일단은 집 가격을 결정하는 원리들을 이해해야 한다. 그리고 도로, 지하철 노선도, 도시개발지도와 국토이용계획도 볼 줄 알아야 한다. 귀찮은데 이런 걸 꼭 배워야 하냐고? 물론 굳이 이런 걸 배우지 않아도 대부분 여지들은 타고난 직감과 꼼꼼함으로 좋은 집을 선택할 수 있다. 하지만 타고난 능력 외에 몇 가지만 더 알면 내집마련 하나로 삶의 수준이 달라질 수도 있다. 그런 기회를 스스로 외면할 필요는 없지 않을까?

첫 집은 재테크의 첫단추

■★★★ 주옥이는 친정이 강남이다. 어렸을 때부터 결혼하기 직전까지 소위 '8학군'이라 불리는 지역에서만 자랐다. 그런데 부모님이 반대하는 결혼을 한 터라 집을 마련할 때 재정적인 도움을 받을 수가 없었다. 남편의 집은 그리 부유한 편이 아니어서, 첫 신접살림은 신월동에 있는 다세대 주택에서 시작하게 되었다.

주옥이는 신월동에 갔을 때 '이런 동네에서 어떻게 사나?' 하고 눈앞이 캄캄했다. 한동안은 그 동네에 적응하느라 고생도 했다. 그러면서 '빨리 돈 모아서 강남으로 가겠다'고 몇 번이고 다짐했다.

하지만 지금은 직장, 동네의 아는 사람들, 아이들 친구, 학교 때문에 쉽게 다른 동네로 움직일 수가 없다.

■★★★ 민아네 부부는 시댁이 있는 노원구 상계동에 집을 계약하러

갔다. 그런데 매도자가 계약 당일에 갑자기 300만 원을 더 달라고 요구했다. 화가 나서 계약하기로 한 걸 취소하고, 그 당시 상계동 아파트보다 가격이 더 싼 목동아파트를 계약했다.

그 후 목동아파트는 가격이 계속 올랐고 상계동의 그 아파트는 그때보다는 약간 올랐지만 물가상승률에 비하면 아직도 제자리다.

내집마련을 할 때 첫 집의 위치가 얼마나 중요한가를 보여주는 사례다. 민아의 경우는 한마디로 '소가 뒷걸음치다가 쥐 잡은 격'이지만, 사실 이런 경우는 흔하지 않다.

일생일대의 쇼핑인 내집마련은 싸게 사는 것보다 첫 위치를 잘 잡는 것이 중요하다. 보통 사람들은 자신이 살던 곳에서 벗어나지 않으려는 경향이 강하기 때문에 더더욱 그러하다. 집을 쉽게 옮기지 못하는 이유는 그 지역에서 오래 살수록 많이 생긴다. 아이가 초등학교 졸업을 1년 앞두고 있어서, 중3이거나 고3이어서, 과외방이나 학원 등을 하고 있어서, 근처에서 장사를 하거나 직장이 지금 집 근처여서, 아이들이 전학 간 학교에 적응하기 힘들까봐…… 등 이유는 셀 수도 없다.

보통 사람들은 처음엔 조금 안 좋은 곳에서 시작하고 '돈 좀 모으면 좋은 곳으로 옮겨야지'라고 생각하지만, 이런 생각은 대부분 이뤄지지 않는다. 심리적으로도 그렇지만, 금전적인 이유도 크다. 지금 살고 있는 집을 팔아 그보다 더 좋은 입지에 넓고 깨끗한 집으로 가려면 가격 차이가 엄청날 것이기 때문이다. 그 차이를 메울 만큼 돈을 많이 모을 수 있다면 '나중에 더 좋은 집으로 갈아타는 것'도 가능한 일이다. 그러나 정말 그렇게 하기 위해서는 처음 집을 살 때보다 몇 배의 노력이 필요하다는 사실을 잊지 말자.

첫 집을 좋은 곳에 고르면 이사도 그 동네 근처에서 다니게 되기 때문에 자연히 자산이 늘어나는 효과가 있다. 한 자수성가한 부자는 "첫 집이 평생 재테크의 절반 이상을 차지한다"고 하면서 "첫집을 좋은 곳에 잡고 그것을 바탕으로 재산을 불려나가는 것이 부자가 되는 가장 빠른 방법"이라고 조언한다.

가족 확장이 예상된다면
두 번째 살 아파트를 지금 사라

■■■ 수정이는 결혼과 동시에 40평대 아파트를 샀다. 5년 뒤 그 집에 입주하겠다는 꿈을 안고. 처음에는 주변에서 다 '미쳤다'고 했다. 하지만 지금은 집값도 올랐고 쌍둥이 아이들에 부모님을 모시고 살 예정인지라 다들 '대단하다'고 칭찬한다.

■■■ 아이가 셋인 현민 언니네 부부. 결혼 8년차이고 5년 전에 대출을 안고 자양동에 20평대의 집을 마련했다. 시간이 흐르고 아이도 더 생겼고 또 아이들이 클수록 방도 거실도 더 넓은 집이 필요했다. 그래서 갈아타기를 생각하고 집을 알아보고 있는데, 예전과는 달리 30평대의 집이 20평대의 집에 비해 가격 차이가 크게 나서 고민 중이다. "이럴 줄 알았으면 예전에 가격 차이 얼마 안 날 때 대출을 더 받아서 아예 처음부터 큰 집을 샀어야 했다"며 가슴을 치며 후회하고 있다.

122

처음 내집마련을 할 때 대부분의 사람들은 겁을 낸다. 그리고 가능하면 대출 비율과 기간을 줄이고 작은 집을 사려고 한다. 그리고 결혼하면, 혹은 아이가 생기면 좀 더 큰 집으로 갈아탈 것이라고 생각한다.

물론 그런 생각이 틀린 건 아니다. 하지만 집을 갈아탈 때의 어려움은 처음 집 살 때의 힘듦과는 비교가 되지 않는다. 이사비와 부대비용도 만만찮지만, 무엇보다 현재의 집보다는 나은 집이어야 하기 때문에 갈아타기 할 곳을 고르기가 정말 쉽지 않다. 또한 금전적으로도 쉽지 않다. 지역에 따라 차이가 있지만 대체로 아파트가 오름세일 경우에 중대형 평형은 특히 큰 폭으로 상승하기 때문이다.

초혼보다 재혼이 어려운 것처럼 집을 갈아타고 평형을 옮기는 것은 처음보다 더 어렵다. 그래서 차라리 '처음부터 두 번째 살 집을 지금 사는 것'이 낫다.

싱글들이나 신혼부부들은 소형 평수가 '청소하기도 쉽고 혼자, 혹은 둘이 살기에 딱 적당한 공간'이라고 한다. 하지만 세월이 갈수록 늘어나는 짐 때문에 더 넓은 공간이 필요하게 된다.

집을 살 때는 미래를 내다보고 사는 것이 좋다. 싱글이더라도 짐이 더 늘어나거나 같이 살 사람이 생길 수 있다. 혹은 그렇지 않다 하더라도 좀 더 넓고 쾌적한 공간을 위해 이사를 결심할 수도 있다. 신혼일 경우에는 아이가 생길 수 있고 혹은 앞으로 부모님을 모셔야 할 상황이 올지도 모른다.

그러므로 지금 당장보다 몇 년 후를 생각하여 두 번째 살 집을 지금 사는 것이 집을 고르는 현명한 방법이 될 것이다.

도로와 지하철노선도를 따라
수익성을 산출하라

🌱 입지가 중요하다는 건 알겠는데, 도대체 어떤 곳에 집을 마련해야 할지 잘 모르겠다면 먼저 도로교통망과 지하철노선도를 자세히 들여다보는 습관을 들여라. 도로와 지하철노선도를 보면 어떤 지역이 투자 가치가 있는 집인지 알아볼 수 있는 감이 온다.

우리나라는 경부고속도로를 따라 집값이 상승했고 앞으로는 서해안고속도로 시대가 열릴 예정이다. 지하철노선으로 보면 현재 8호선 일대가 1위, 3호선 일대가 2위로 집값 상승률이 높았으나 앞으로는 9호선 예정지와 강북 뉴타운 주변의 지하철 라인을 따라 집값이 오를 것이다.

경부고속도로가 지나는 곳은 강남구 신사동을 시작으로 판교 ➡ 수원 ➡ 기흥 ➡ 오산 ➡ 평택, 안성 ➡ 충남 천안 ➡ 목천 ➡ 충북 청주 ➡ 청원 ➡ 대전광역시 ➡ 충북 옥천 ➡ 영동 ➡ 경북 황간 ➡

김천➡ 구미 ➡ 대구 ➡ 경주 ➡ 부산까지이다.

서해안고속도로는 전남 무안 삼향면에서부터 경기도 광명시, 서울시 금천구까지를 말한다. 즉, 목포 ➡ 무안 ➡ 군산 ➡ 서천 ➡ 당진 ➡ 안중 ➡ 안산 ➡ 일직 ➡ 시흥까지이다.

도로와 지하철노선도를 따라 투자할 때는 반드시 수익성에 관한 포트폴리오를 작성해봐야 한다. 입지 여건, 주거 여건, 장단점, 개발재료 유무 등의 정보, 현재 시세, 살 시기, 그리고 팔 시기 등을 고려하여 수익성을 미리 산출해보는 것이 좋다.

집을 선택할 때 또 한가지 중요하게 생각해야 할 기준은 도심에서부터 집을 물색해야 한다는 것이다. 조금더 깨끗하고 넓은 집을 사는 것도 좋지만 앞에서도 언급했던 그보다 더 중요한 것은 위치를 잘 잡는 것이기 때문이다. 좋은 입지의 집은 집값이 오를 때마다 다른 지역보다 더 많이 오르지만 안 오르는 지역은 그런 소식이 남들 이야기인듯 늘 제자리걸음이다.

만약 내가 돈이 없다고 도시 외곽에 집을 샀다면 나는 결코 성공적인 내집마련을 할 수 없었을 것이다. 집을 고를 때는 먼저 도시의 중심부터 시작해야 한다. 돈 되는 곳은 수도권이나 지방 대도시의 도심이기 때문이다.

결혼 7년차 32세 혜영이는 전세비용으로 3천만 원의 돈을 신랑이, 2천만 원을 혜영이가 혼수비용으로 준비했다. 혜영이의 상황과 가족 수입 등을 고려해서 당시 내가 추천했던 아파트는 목동

아파트 중 가장 저평가되어 있던 11단지와 염창동, 가양동의 아파트였다.

하지만 빚 없이 외곽에서 전세부터 시작하겠다던 혜영이는 결국 전세를 처음 얻었던 동네 근처인 역곡에 작년 초 집을 마련했다. 집값의 폭등이 거듭될 때마다 후회하던 혜영이가 던진 한마디.

"집은 외곽이 아니라 도심지에서 찾아야 하는 것이었구나."

외곽의 모르는 곳에 기회가 있을 수 있다는 것을 간과해서는 안 된다. 하지만 직장과의 근접성과 아이들 양육 등의 주거상황과 앞으로의 수익을 생각한다면 집은 도심에서 찾는 것이 절대적으로 유리하다.

도시개발지도와 국토이용계획서로
내집마련 틈새를 잡아라

우리나라는 '비전 2030'이라는 계획 아래 앞으로 1인당 국민소득 4만 9천 달러, 국가경쟁력 순위 10위, 삶의 질 향상 10위 등을 목표로 하고 있다. 이에 따라 현재 국민소득이 지속적으로 늘어가고 있다. 또한 집값을 좌우하는 원리(156쪽 참고)인 3, 5, 10년 주기설과 선거, 정부정책 등은 집값에 큰 영향을 미칠 것이다.

실제로 서울시장의 공략처럼 현재 개발을 추진하는 뉴타운 계획들이 모두 실현된다면 서울과 수도권 지역은 현재보다 더 집값 광풍이 불어 닥칠지도 모른다.

이러한 상황에서 실수요자들은 어디에 어떻게 투자해야 할까? 어떤 집이 투자가치가 있는지, 미래가치, 내재가치니 하는 용어들은 하나도 모르겠지만 그래도 내집마련을 잘하고 싶다면 일단

'지도와 국토이용계획도'를 따라서 투자하면 된다. 국토이용계획이나 도로계획을 따라 집을 사면 손해를 보는 일은 거의 없다. 국토이용계획은 지자체나 구청의 홈페이지에 들어가면 손쉽게 찾아볼 수 있다.

지도 보는 게 어렵다고? 그건 지도에 익숙하지 않기 때문이다. 그냥 그림 보듯, 내집마련을 더 싸게 좋은 곳에 하기 위한 정보라 생각하고 보면 된다. 수많은 할인 정보들로 빼곡이 차 있는 마트의 전단지를 보듯 지도도 그렇게 보면 된다. 자꾸 들여다보면 신기하게도 더 좋은 장소가 눈에 들어온다.

대지지분의 가치를 아는 자가
미래를 잡는다

박경리의 『토지』는 '땅'에 대한 사람들의 집착과 욕심을 잘 담아낸 소설이다. 사람들이 강남, 목동, 신도시 아파트를 선호하는 이유는 바로 '땅'에 있다. 아파트도 '땅'이기 때문이다.

강남의 아파트는 이제 낡았고 다시 지어야 할 땅이 넓은 아파트이다. 대지지분이 많은 아파트인 것이다. 대지지분이란 아파트 단지 전체의 대지면적을 가구 수로 나눈 것을 의미한다. 즉 대지지분은 '땅의 크기'이고, 대지지분이 넓은 아파트는 향후 재건축을 할 때 크게 발전할 가능성이 높다.

그런 면에서 볼 때 강남의 낡은 아파트는 강북의 신축 아파트보다 높게 평가될 수 있다. 대지지분도 넓고 입지적인 면에서도 대기업의 밀집, 고속도로의 인접성, 뛰어난 교육환경과 인맥 인프라를 갖추고 있기 때문이다.

최근에 지은 주상복합 아파트나 오피스텔 등은 좋은 마감재와 뛰어난 편의시설로 인해 각광받고 있지만, 대지지분이 낮고 인구밀집도가 높다.

　그러나 지은 지 오래되어 낡고 허름하고 시설이 좋지 않은 강남의 아파트는 대지지분이 넓어 현재의 외형적 조건들보다 더 귀중한 미래가치를 갖고 있는 것이다.

　서울의 저밀도 5개 지구의 아파트는 대지지분이 넓고 앞으로의 미래가치도 뛰어나다. 즉 재건축을 했을 때 더 넓은 평형의 좋은 아파트를 분양받을 수 있기 때문이다.

　흔히 저밀도라고 하면 저층의 아파트를 생각하는데 저층이라고 해서 모두 저밀도는 아니다. 서울에서는 강남구 청담·도곡, 서초구 반포, 송파구 잠실, 강동구 암사·명일, 강서구 화곡지구, 이렇게 다섯 곳을 저밀도 지구로 지정해놓았다. 저밀도 지구의 경우나 저층 아파트의 경우는 입지가 좋을 뿐만 아니라 땅덩이가 넓으므로 재건축을 하면 수익이 높아져서 가격이 많이 오를 수 있다.

　현재 대한민국 내집마련의 대명사인 아파트의 가격은 '대지지분당 가격〉전용면적당 가격〉평당 가격' 순으로 가치가 평가될 수 있다.

　아파트 적정가를 찾기 위해 양천구 신정동 소재 20평형 목동아파트의 대지지분당 가격을 알아보자.

등기부등본〈표제부〉			
표시번호	대지권종류	대지권비율	등기원인 및 기타사항
1(전1)	1, 2 소유권대지권	167,174.1분의 44.60	1987년 8월 17일 대지권 1990년 5월 18일

등기부등본은 표제부·갑구·을구로 나뉜다. 위 표제부의 대지권비율을 보면 167,174.1분(목동아파트 한 단지의 면적)의 44.60(해당 동 해당 호수의 내지면적)이라고 기재되어 있다. 각각 0.3025를 곱하면 평수를 알 수 있다. 그러면 각각 50,570.2와 13.5평이 나온다. 이 아파트 시세가 6억이라면 대지지분에 따른 평당 가격은 4,444만 원이 된다.

아파트의 전용면적은 표제부의 '전유부분의 건물의 표시'에 있는 면적에 0.3025를 곱하면 되는데, 이 아파트의 경우 전용면적이 16.3평이다. 전용면적에 따른 평당 가격을 계산하면 3,681만 원이 된다. 그리고 일반 평당 가격은 3천만 원이다.

일반적으로 아파트를 분양할 때는 전용면적과 공용면적을 합한 면적으로 분양한다. 33평 아파트라고 하면 전용면적 25.7평(보통 85㎡라고 부른다)에 해당한다. 아파트를 계약할 때는 보통 전용면적, 공용면적, 기타 서비스 면적, 지하주차장 면적 등을 모두 합해 계약 면적으로 총괄해 계약한다. 분양가에는 아파트 내부는 물론 계단, 주차장, 관리실, 노인정 등 아파트 내의 모든 시설물이 차지하는 공간에 대한 비용이 포함된다.

전용률은 공급면적에서 전용면적이 차지하는 비율을 말한다.

건설사들이 분양광고를 할 때 흔히 공급면적을 말하는데, '공급면적×전용율'을 하면 전용면적을 구할 수 있다.

　오피스텔과 주상복합 아파트는 지하주차장이 공급면적에 포함되기 때문에 전용율이 아파트에 비해 낮다. 다시 말해 실제 사용 공간이 적다는 것이다. 일반적으로 아파트 전용율은 80~85%, 오피스텔은 45~60%, 주상복합은 70~80% 정도이다.

 아파트 분양과 입주 시 알아두어야 할 용어

- **주거공용면적** 계단, 1층 현관, 엘리베이터, 복도 등
- **전용면적** 공동주택에서, 복도·계단·승강기 등의 공용면적을 뺀 나머지 바닥의 면적, 즉 발코니는 제외된 집안의 실제 사용 공간이다. 다용도실은 포함된다.
- **기타공용면적** 법정 면적 초과 지하주차장, 노인정, 관리사무소, 경비실 등
- **서비스 면적** 발코니면적 등
- **공급면적** 주거공용면적+전용면적(공급면적=분양면적)
- **계약면적** 주거공용면적+전용면적+기타 공용면적
- **총면적** 주거공용면적+전용면적 +기타 공용면적+서비스면적

※ 평×3.3058=㎡, ㎡×0.3025=평

용적률과 건폐율은 낮을수록 좋다

🌱.. 　　먼저 용적률과 건폐율에 대한 용어부터 이해하고 넘어가자.

용적률이란 대지면적에 대한 지상층 연면적의 비율을 만한다. 연면적은 각 층의 바닥 면적을 합한 것이다. 그러니까 용적율은 '연면적/대지면적×100(%)'이 된다.

예를 들어 건축물 지상층 연면적이 300평이고 대지가 총 150평이라면,

> 300평/150평×100(%)=200%

즉 이 건물의 용적률은 200%인 것이다.

하나 더 예를 들어보자.

아파트가 15평이고 대지지분이 20.2평일 경우

$$15평/20.2평 \times 100(\%) = 74.26\%$$

즉 이 아파트의 용적률은 74.26%이다.

건폐율은 대지면적에 대한 건축물의 수평투영면적(건축면적)의 비율을 말한다. 예를 들어, 수평투영면적이 100평, 대지면적이 150평이라면

$$100평/150평 \times 100(\%) = 66.67\%$$

즉 이 건축물의 건폐율은 66.67%이다.

용적률이 낮을수록 건물은 고도화가 덜 되어 사람들이 지상에 가깝게 생활하게 된다. 즉 몸에 이롭다. 건폐율은 낮을수록 공지가 많고 환경도 좋다. 앞서 언급한 대지지분은 아파트 주거 환경의 쾌적성을 나타내는 척도이다.

대지지분이 높은 아파트는 용적률이 낮고, 동과 동 사이의 간격이 넓고, 층수도 낮다. 그리고 건폐율이 낮아 기타 편의 공간(공원, 놀이터, 운동시설 등)과 여유 공간이 많다. 재건축 예정인 아파트나 서울의 저밀도 아파트 등은 대지지분이 높고 용적률과 건폐율이 낮다.

만약 용적률 300%의 새아파트와 용적률 100%인 재건축 아파트가 있다고 할 때 어떤 아파트를 골라야 할까? 당연히 용적률이 낮은 재건축 아파트를 사야 한다. 용적률이 낮다는 것은 대지지

분, 즉 땅이 차지하는 면적이 높다는 것이기 때문이다.

　새아파트는 보통 시세가 1~5년까지는 강세이다가 그 이후로 새아파트라는 강점이 사라지면 점점 시세가 떨어진다. 그러나 대지지분이 높은 낡은 아파트는 땅이 넓으므로 희소가치가 생겨 시간이 지날수록, 낡을수록 더 높은 가격을 형성한다. 강남의 아파트가 비싼 까닭, 재건축 아파트가 비싼 까닭은 새아파트에 비해 낡고 허름하지만 땅(대지지분)이 넓고 용적률과 건폐율이 낮기 때문이다.

　재건축 아파트의 대지지분은 무상입주평형과 추가부담금 산정의 기준이 되어 새아파트로 다시 지을 때 대지지분이 크면 아파트의 넓은 평형을 받을 수 있고 추가부담금이 줄어든다. 왜냐하면 용적률이 낮은 아파트는 차지하는 땅의 면적이 크기 때문에 큰 평형을 받으면서 돈을 더 낼 필요가 없는 것이다.

　참고로 용적률이 200% 내외라면 일자(一) 형 아파트 단지를 생각하면 된다. 서울의 택지개발지구 내 중층 아파트나 신도시의 아파트가 이에 해당된다. 용적률이 250% 내외라면 디귿자(ㄷ) 형 아파트 단지를, 300% 내외라면 미음자(ㅁ) 형 아파트 단지를 생각하면 된다. 서울 및 대도시의 재개발 지역 아파트 단지들이 이에 해당된다.

　요즘 서울의 동시분양 아파트의 경우 용적률은 보통 270~280% 대이다.

똑똑한 내집마련을 위한 15가지 체크리스트

통계청에 따르면 우리나라 사람들이 내집마련을 할 때 가장 먼저 고려하는 사항은 순위별로 '자녀의 교육여건'(30.2%), '주택지 환경'(28.7%), '교통여건이나 직장과의 거리'(19.2%)로 나타났다.

20~30대는 자녀의 교육여건을, 50~60대의 경우는 주택지 환경을 중요시하는 것으로 나타났다. 그러나 앞으로는 아토피와 면역체계 등 환경문제가 대두되고 상대평가 내신제도의 영향에 따라 20~30대도 환경을 고려하여 내집마련을 할 가능성이 커졌다.

내집마련을 할 때는 총체적으로 건축년수 혹은 재개발·재건축 여부, 학군, 교통환경, 향, 베이BAY, 난방방식, 로열동, 로열층, 세대수, 대표브랜드, 대표평형, 개발호재 등을 따져보아야 한다.

❶ 건축년수

　내집마련에 있어서 가장 먼저 보아야 할 부분이다. 보통 사람들은 새집만을 선호하지만 새집이 반드시 좋은 것만은 아니다. 아파트는 건축이 된 지 얼마 안 된 1~5년 사이의 아파트거나 아니면 아예 지은 지 15~20년 정도 경과된 아파트가 가치가 있다. 새집의 경우 지은 지 얼마 되지 않아 구조나 외양이 깨끗하기 때문에 좋고, 오래된 아파트의 경우 향후 리모델링이나 재건축을 기대할수 있어서 좋다. 새아파트는 새것이라는 인식 때문에 좋고, 오래된 아파트의 경우는 향후 리모델링이나 재건축을 기대할 수 있어서 좋다.

❷ 리모델링이나 재건축 여부

　보통 재건축 여부를 따질 때는 재건축이 언제 가능한지를 따져봐야 한다. 그러기 위해서는 준공년도와 해당 연도의 재건축 연한이 몇 년인지 확인해보면 된다.

　서울 지역의 경우 1981년 이전에 지어진 아파트는 재건축 연한이 20년에 불과했으나, 1982년도 이후부터는 준공년도가 1년씩 경과할수록 재건축 연한은 2년씩 길어졌다. 1991년 이후에 지은 아파트는 모두 재건축 연한이 40년에 이른다. 그렇기 때문에 앞으로는 재건축이 아닌 리모델링을 하는 단지들도 많이 늘어날 것이다.

	재건축 허용 연한(5층 이상)					
	서울		경기		인천	
준공년도	허용연한	재건축가능년도	허용연한	재건축가능년도	허용연한	재건축가능년도
1980	20	2000	20	2000	20	2000
1981	20	2001	21	2002	20	2001
1982	22	2004	22	2004	20	2002
1983	24	2007	23	2006	20	2003
1984	26	2010	24	2008	22	2006
1985	28	2013	25	2010	24	2009
1986	30	2016	26	2012	26	2012
1987	32	2019	27	2014	28	2015
1988	34	2022	28	2016	30	2018
1989	36	2025	29	2018	32	2021
1990	38	2028	30	2020	34	2024
1991	40	2031	31	2022	36	2027
1992	40	2032	32	2024	38	2030
1993	40	2033	33	2026	40	2033
1994	40	2034	34	2028	40	2034
1995	40	2035	35	2030	40	2035
1996	40	2036	36	2032	40	2036
1997	40	2037	37	2034	40	2037
1998	40	2038	38	2036	40	2038
1999	40	2039	39	2038	40	2039
2000	40	2040	40	2040	40	2040

• 서울: 82~91년 준공 1년 경과할 때마다 재건축 허용연한 2년씩 늘어남.
• 경기: 81~99년 준공 1년 경과할 때마다 재건축 허용연한 1년씩 늘어남.
• 인천: (건축년도-1984)×2+22

❸ 학군과 교육환경

우리나라 학부모라면 누구나 가장 먼저 따지는 문제가 학군과 교육환경일 것이다. 언젠가 한번 구로에 사는 언니에게 나중에 어디로 이사를 갈 것인지 물어본 적이 있다. 모든 부모들이 그러하듯 "학군을 따져서 강남 가면 아이가 기죽을 것 같아서 목동 정도로 생각하고 있다"고 말했다. 교육에 관한 한 전 세계적으로 대한민국 부모들의 열의를 따라갈 나라가 없지 않을까? 우리나라 부모들 대다수가 그렇듯이 자신은 못 먹고 못 입어도 자식에 관해 교육에 관해서는 '맹모삼천지교孟母三遷之敎'의 정신을 보이기 때문에 학군과 교육환경이 좋은 곳은 영원히 인기 지역이 될 수밖에 없다.

❹ 향

향을 따질 때는 발코니가 위치한 쪽을 기준으로 따진다. 즉 발코니가 남쪽을 향하고 있으면 남향, 동쪽을 향하고 있으면 동향이 되는 것이다. 얼마 전 집의 향에 관해 인터넷에서 좋은 정보를 얻었다. 건축회사에 다니는 분이 쓴 글인데 간략하게 소개해보겠다.

"건축학적으로 보면 마루(거실)의 방향이 정남향보다는 남동향이 더 좋은 방향입니다. 남향은 직사광선이 바로 들어 자외선 투입이 많고, 페인트 고결성이 높아집니다. 남동향은 일조시간(태양빛이 집에 들어오는 시간)이 남향보다 25% 더 많고요. 정남향은 햇볕이 직접적으로 집의 창문으로 들어오지만 남동향은 정면에서 좌반측 반향으로 해가 0~90°로 내리쬐기 때문에 햇빛을 직접 투사하지 않습니다. 그렇기 때문에 집안 공기를 가장 시원하게 유지시켜 줄 수 있습니다.

집을 고를 때 지도를 정면으로 놓고 아파트의 거실 창문이 남동향, 즉 오른쪽 45% 아래로 기울어진 집을 고르는 것이 최적입니다. 아파트 시공상 남동향은 많은 세대를 지을 수가 없습니다. 그래서 남향, 혹은 서남향으로 많이 짓습니다.

일반적으로 남향이 가장 좋은 줄 알고 있지만, 사실 정남향보다는 남동향이 더 환경이 좋습니다. 일례로 유명한 대기업 회장들의 주택도 마당은 남동향을 하고 있고 예약분양의 경우도 대부분 남동향을 미리 선별해놓습니다."

위의 이야기에서 보듯이 우리나라에서 가장 좋은 향은 실제로 남향이 아닌 남동향이다. 예전에 목동아파트를 사면서 일자형 아파트와 대각선 방향 아파트의 차이를 궁금해했던 적이 있다. 사람들에게 물어보니 일자형 아파트는 남향, 대각선 모양으로 된 아파트는 남동향 아파트라고 했다. 흔히 거실 창문이 45% 기울어지거나 집의 각도가 17.5°인 것을 남동향 아파트라고 한다.

그러나 요사이에는 더위와 추위를 조절하는 난방과 냉방시설이 잘 되어 있고, 무엇보다 빛을 대신해주는 조명시설이 있으니 다른 향과 그렇게 많이 차이가 나진 않는다. 그리고 향보다는 주변 자연경관이 예쁜 쪽으로 조망을 위한 베란다를 내고 집의 방향을 결정하는 추세로 변하고 있다.

❺ 베이 BAY

베이는 기둥과 기둥 사이의 한 구획을 말하는 건축용어다. 요즘 집을 살 때 '3베이', '4베이'라는 말을 한다. 3베이는 남향으로 세 개의 공간이 있는 깃, 4베이는 남향으로 네 개의 공간이 있는 것을 말한다. 3베이는 햇빛이 정면으로 방, 거실, 방을 비추고, 4베이는 방, 방, 거실, 방을 비추는 구조이다. 말하자면 모든 면이 일자 형태로 배치되어 햇빛을 고루 받을 수 있는 구조인 것이다.

요즘은 베이도 사람들이 집을 결정하는 데 큰 기준이 되고 있다. 실제로 예전에는 방 개수를 중요하게 여겼다고 하지만, 요즘은 대부분 가구가 핵가족인 데다 1인, 2인 가족들이 늘어나고 있는 추세라 방 개수는 집을 선택하는 데 크게 중요한 기준이 아니다. 이제는 방 개수보다 방이 어떻게 배치되었는지 햇살을 얼마나 받을 수 있는지, 조망권은 어떤지가 더 중요한 조건이 되었다.

❻ 난방방식

사람들은 열병합, 도시가스, 중앙난방, 기름보일러, 연탄보일러 순으로 난방방식을 선호한다. 난방방식도 아파트 가격에 중요한 영향을 미치는데, 일례로 고척동의 한 아파트는 난방방식을 연탄보일러에서 기름보일러로 바꾸고 나서 한두 달 사이에 아파트 값이 2천만 원 정도 올랐다.

난방방식에서 가장 효율이 높은 방식은 열병합이다. 열병합을 사용하는 방식은 도시가스에 비해 난방비가 30% 정도 적게 나온다고 한다. 그러나 열병합방식도 최근 3년 사이에 매년 10% 정도로 요금이 올라 그렇게 싸지 않다. 열병합방식의 비용은 현재 도시가스 난방비와 비슷한 수준이다.

참고로 열병합방식은 동일한 연료를 사용하여 유형이 다른 두 가지 에너지(열 및 전기)를 동시에 생산하는 종합 에너지 시스템으로 일반적으로 고온부는 동력, 저온부는 열로 사용하는 에너지 시스템(Combined Heat & Power generation)이다. 집단 에너지 공급의 주요 열원시설로 채택한 열병합방식은 손실열을 회수 이용하여 냉·난방에 활용함으로써 에너지 이용효율(종합 열효율 87%)을 극대화하고 있다.

❼ 로열동, 로열층

예전부터 아파트를 살 때 많은 사람들이 '로열^{royal}동과 층'을 고집하라고 했다. 보통 로열동은 길가에 있지 않고 안쪽에 위치하여 소음이 들리지 않고 먼지가 잘 나지 않는 조용한 동, 혹은 자연 경관을 충분히 누리며 볼 수 있는 동을 말하고, 로열층은 햇빛이 잘 들고 높지도 낮지도 아니하여 생활하기에 가장 좋은 층을 말한다.

산, 강, 바다 등이 잘 보여 조망권이 좋은 집은 일반적으로 로열동이나 로열층이다. 햇빛이 얼마나 드느냐 하는 것도 로열층의 기준이 될 수 있다.

보통 로열층은 15층 아파트의 경우 7, 8, 9층을 말한다. 그러나 앞에 건물이 있어 트인 공간이 없으면 햇빛이 잘 드는 14, 15층을 로열층이라고 할 수도 있다. 한강이나 공원 조망권의 경우도 마찬가지다. 한강이나 공원, 산 등이 조망되는 곳은 층수에 상관없이 로열층이라고 할 수 있다.

그러나 요즘은 로열동이나 로열층의 기준이 많이 바뀌었다. 같은 단지에 사는 한 아주머니는 대로변과 가까워야 버스정류장, 할인마트 등이 가까워서 편리하다고 한다. 로열동에 대한 인식만 바뀐 것은 아니다. 로열층에 대한 인식도 많이 바뀌었다. 로열이라는 것이 이제는 여러 가지 면에서 의미가 달라진 것이다.

일례로 예전에는 아파트 1층을 사려는 사람이 없었다. 그런데 요즘에는 아파트 건물 앞 공간을 정원으로 사용할 수 있는 1층만을 고집하는 사람들이 많다고 한다. 대법원에서는 1층 정원을 개인용도로 사용하는 것이 위법이라고 판결했지만, 막상 발코니 문을 열면 바로 아파트 정원이 보이는 집의 입장에서 그 공간은 다른 사람에게 공개하거나 내어줄 수 없는 장소인 것이다.

예전에는 하수구 악취 때문에, 그리고 고양이와 쥐, 벌레들이 집안으로 들어오거나 안전상의 문제가 있기도 해서 1층은 꺼리는 층이었다.

하지만 정원이 바로 집 앞으로 연결된 아파트의 경우 특성상 텃밭을 가꿀 수 있고 아이들에게 유용한 놀이공간으로 활용할 수 있다는 점 때문에 로열층으로 인식되어지고 있다. 나는 작년 가을에 내가 사는 단지 1층에 놀러가서 감도 따오고 대추도 따온 적이 있다. 집주인 아주머니는 "남자 아이들만 둘이라 층간 소음 문제에 견디다 못해 1층을 샀다"고 하면서 누가 뭐라 해도 자신에겐 "1층이 가장 로열"이라고 한다.

❽ 1천 세대 대단지, 대표 브랜드, 대표 평형

아파트를 살 때 그 지역의 '랜드마크^{Landmark}'가 되는 아파트를 고르는 것은 중요하다. 랜드마크란 지표나 이정표를 뜻한다. 즉 모든 사람들이 알고 있는 아파트를 말한다. 예를 들어 강남 대치동의 대표 아파트라고 하면 우성, 선경, 미도 아파트라고 할 수 있다.

랜드마크 아파트는 1천 세대 이상의 대단지이며 대표 브랜드 가치가 있으며 단일 평형이거나 중소형 평형 위주로 밀집되어 있지 않고 소형, 중형, 대형 평형까지 골고루 분포되어 있다.

아파트를 살 때는 사람들이 알 만한 브랜드의 아파트를 사는 것이 좋다. 일단 대단지의 브랜드 아파트인 경우가 제일 좋고, 대단지가 아니라면 브랜드 아파트인지 여부를 보는 것이 좋다.

목동아파트 근처의 롯데캐슬 아파트의 경우 이 지역의 랜드마크인 목동아파트만큼 대규모는 아니지만, 1천 세대가 넘는 대단지이며 고급 브랜드로 인식이 잘 되어 있기 때문에 분양이 된 이후로 아파트 가격이 2~3억 정도 올랐다.

1천 세대 이상의 대단지가 아니라면 최소 500~600세대 정도는 되어야 한다. 세대수가 그보다 적거나 '나홀로 아파트'인 경우는 살 때와 팔 때의 가격이 비슷하기 때문이다.

1천 세대 이상의 대단지이며 브랜드 아파트인 곳에서는 그 아파트의 '대표 평형'을 선택하는 것이 좋다. 지역마다 가장 '잘나가는 평형의 아파트'가 있다. 어떤 동네에서는 대형 평형이 가장 잘나가지만 신혼부부나 직장인들이 많이 거주하고 있는 동네에서는 소형 평형이 가장 잘나간다. 그런 평형이 해당 아파트의 대표 평형이 되는 것이다.

하지만 무엇보다 자신의 생활 조건과 기준에 따라 아파트를 고르고 평형을 선택하는 것이 가장 현명한 선택 방법이다.

❾ 미래의 역세권과 개발호재

많은 사람들이 직장과의 거리로 인해 서울의 역세권 아파트를 고집한다. 사실 내집마련을 하고자 하는 실거주자들이 가장 손쉽게 찾을 수 있는 아파트가 수도권 지역의 역세권 아파트다. 그러나 거꾸로 생각해보면 지금 오를 만큼 오른 역세권의 아파트보다는 앞으로 역세권이 될 지역이거나 개발호재(지하철, 고속도로, 공원, 대규모 개발, 기반시설, 환경정비 등)가 있는 재개발 지역이 돈은 적게 들면서 실수요자에게 좋은 대안이 될 수 있다.

❿ 계단식, 복도식/층간 소음

옆집과 마주보는 형식을 계단식 아파트라고 하고 복도를 따라 나란히 있는 아파트를 복도식 아파트라고 한다. 복도식은 여러 사람들이 왔다 갔다 하고 계단식에 비해서 조금 춥다. 또 계단식에 비해 집이 조금 더 작다는 느낌이 들고 실제로도 전용면적이 작다.

요즘 짓는 아파트는 층간 소음이 없는 경우가 많다. 법률적으로 규제가 되었기 때문에 시공할 때 층간 소음이 없도록 처리를 하는데 예전에 지은 아파트들은 층간 소음이 많이 들린다. 그것 때문에 받는 스트레스도 만만치 않으므로 아파트를 선택할 때는 그 부분도 필히 염두에 두어야 한다. 재개발이고 뭐고 나는 죽어도 조용한 데서 살아야겠다고 생각하는 사람이라면 신축 아파트를 선택하는 것이 자신의 행복한 생활을 위해 좋을 것이다.

⓫ 안목치수, 동간 간격과 동 배치

예전에는 벽의 두께만큼(혹은 벽체 중간부터)을 평수에 넣어 집을 분양했다. 그러나 요즘 지은 아파트는 대부분 안목치수를 넣어 분양한다. 안목치수는 쉽게 말하면 우리가 집안에서 볼 수 있는 벽체 겉 표면, 즉 다음 그림의 보라색 선을 기준으로 하여 평수를 재는 산정방식이다.

"그까짓 벽체 두께가 얼마나 차이가 난다고?"

이렇게 말하는 사람들이 있을지도 모른다. 하지만 안목치수를 적용한 아파트와 적용하지 않는 아파트는 실제로 1~5평까지 차이가 난다.

2006년 7월에 입주한 신정동의 한 아파트 33평형의 경우 1998년 이후로 법제화된 안목치수의 영향을 받아 3베이면서 화장실도 두 개다. 안목치수를 적용받아서 그만큼의 여분 공간이 생겨 화장실이 하나 더 늘고 전체적으로 밝으면서 구조도 속칭 '잘빠진' 구조이다. 발코니 길이도 늘어났고 실내 면적도 2평 정도 넓다. 그까짓 벽체 두께를 겉에서 쟀을 뿐인데 말이다.

• 1998년 이전까지 전용면적 결정은 벽면 중간을 기준으로 측정

• 현행 면적기준은 벽면 안쪽에서 측정
• 종전보다 약 2~3평 정도 전용면적이 넓어짐

출처: 내집마련 정보사

면적을 고려하는 측면에서 실내의 안목치수 적용 외에 실외의 동 간격, 동 배치도 고려하는 것이 좋다. 앞동, 뒷동, 옆동 간의 동 간 간격이 넓은 아파트, 동 배치가 답답한 구조가 아닌 시야가 탁 트이는 아파트가 내집마련을 하기에 좋은 아파트다.

⓬ 쇼핑센터, 종합병원 등의 편의시설

가까운 거리에 대형 할인점이나 쇼핑센터가 있는 곳, 그리고 종합병원이 가까운 곳으로 집을 사는 것이 좋다. 가족들이 모두 건강하더라도 언제 응급사태가 생길지 모르므로 만약의 경우를 대비해 차로 15~20분 이내 거리에 병원이 있는 곳이 좋다. 쇼핑센터의 경우에는 대형 마트나 혹은 중형 마트가 걸어서 혹은 차로 20~30분 이내의 거리에 있는 것이 생활상 편리하다.

⓭ 로하스 아파트

아토피, 비염, 편두통 등 오염된 환경이 원인인 현대병에 시달리는 사람이 점점 증가하면서 앞으로는 로하스 아파트의 가치가 높아질 전망이다. 로하스는 자신의 정신적, 육체적인 건강뿐만 아니라 후손에게 물려줄 환경까지 생각하는 개념으로 웰빙보다 한 단계 더 높은 개념이다.

예를 들어 아파트 벽지를 바른다고 하면 친환경 소재로 하는 것은 웰빙이고, 그 벽지를 폐기할 때 우리 후손들이 살아갈 환경을 해치는 환경호르몬 성분이 검출되지 않도록 하는, 나중까지 생각하는 것이 로하스의 개념이다.

　최근 분양된 아파트 중에는 이러한 측면을 고려해 빗물을 재활용한 연못, 태양열을 이용한 족욕장, 원적외선 샤워 시설 설치, 단지 내 보도와 녹지 공간 확장, 개방감을 넓히는 필로티 설계방식(각주를 세우고 그 건물을 들어 올려 지상 1층을 트고 주차장이나 주민의 공간으로 만들어 환기나 채광, 개방감을 고려한 공법이다. 즉 1층은 로비 형식으로 2층부터 아파트가 있는 구조이다)을 도입히여 조화로운 공동체를 강조하는 환경을 조성한 곳도 있었는데, 당연히 사람들의 반응도 매우 좋았다. 앞으로 아파트를 선택할 때는 로하스인가 아닌가도 중요한 선택 기준이 될 것이다.

⓮ 배산임수背山臨水의 지형

　주위에 산과 강이 있는 곳은 인간이 거주하기에 가장 좋은 환경이다. 예부터 산과 강이 조화롭게 위치한 배산임수 지형을 '명당'이라고 불렀다. 풍수지리설에 따르면 환경에 따라 사람의 건강과 재운, 입신양명의 길, 대인관계가 정립된다고 한다.

　꼭 이러한 이유 때문만이 아니라도 창문을 열면 산이 보이고, 발코니 밖으로 강이 보인다면 보기에 좋을 뿐만 아니라 심리적인 안정감이 생길 것이다. 또한 공기가 좋을 것이며 산책하고 운동을 하기에도 좋을 것이다. 하지만 사실 도시 안에서 이런 지형적 조건을 갖춘 아파트를 찾기는 쉽지 않다. 그렇기 때문에 더더욱 이러한 조건을 갖춘 아파트의 가치는 높아질 것이다.

⑮ 기타

이외에 싱크대 시설은 깨끗한지, 개수대의 물 빠짐 여부나 개수대의 크기는 적당한지, 수납공간이 집안 곳곳에 잘 설비되어 있는지 혹은 설치할 공간이 있는지, 화장실 개수는 몇 개인지 살펴본다.

아파트 전체로는 평형별 가구 수가 얼마나 되는지, 지하주차장은 있는지, 세대별 주차대수는 몇 대인지, 아파트가 평지에 위치해 있는지, 자녀가 있다면 아이들을 위한 놀이터가 있는지, 도로환경은 안전한지, 단지 내에 초·중·고등학교가 있는지 혹은 근처에 학교가 있는지 살펴보아야 한다.

주위 환경으로는 지하철 노선은 어디가 가장 가까운지, 버스정류장은 어디인지, 버스노선은 몇 개인지 직장 또는 자신이 자주 활동하는 지역으로 연결되는 교통편이 있는지 등을 확인해야 한다.

이 모든 조건들을 다 갖춘 아파트라면 좋겠지만, 사실 모든 것을 갖추기란 쉽지 않다. 그러므로 자기가 중요하다고 생각하는 순위를 정해두고 그 순위에 맞춰 최소한 어느 정도의 조건까지를 생각해두는 것이 좋다.

내집마련의 핵심은 중요한 골자를 갖춘 집을 찾는 것이다. 입주 후 수리 가능한 작은 조건들보다 큰 것을 갖추었는지를 먼저 보고 그 이후에 작은 조건들을 보아야 한다. 작은 것 때문에 큰 것을 놓치는 일은 없어야 할 것이다.

정보수집노트를 만들어라

★★★ 무엇이든지 상세하게 적는 버릇이 있는 메모광 순아. 순아는 결혼해서 전세를 얻을 때도, 집을 살 때도 한 2주 정도는 인터넷에서 정보를 수집했다. 순아가 집을 산다고 하면서 인터넷으로만 정보를 모으고 있기에 나는 순아에게 발품을 파는 것이 더 정확하다고 얘기해주었다.

그랬더니 순아는 '발품 팔기에 앞서 궁금한 정보를 미리 수집하고 다른 사람들의 의견도 들어보면 더 객관성이 생긴다'는 것이었다. '발품을 팔면서 볼 수 있는 것도 실제로 자신이 아는 만큼 보이는 것일 뿐'이라고 하면서 말이다.

내집마련을 할 때 가장 먼저 해야 할 일은 발품보다 먼저 '정보수집'을 하는 것이다. 주변 아파트의 전반적인 시세, 대형 마트나병원 등의 생활 편의시설은 잘 갖추어져 있는지, 교육환경은 어떠한지 등을 미리 검색해보고 가야 훨씬 더 잘 볼 수 있다. 또 앞으로의 분양 일정과 시공사가 어디인지 몇 세대에 몇 평인지 등의 정보를 수집하다 보면 분양일정에 맞추어서 자신이 원하는 곳에 청약을 해야 할 것인지, 종자돈을 모아 기존 아파트를 사는 방향으로 선회해야 하는지 등의 결정을 신속히 내릴 수 있다.

그러면 집을 보러 가기 전에 어떤 정보를 미리 수집해야 하는지, 그리고 직접 집을 보러 가서는 어떤 점을 눈여겨보고 기록해두어야 할까?

나의 경우에는 강남의 재건축 아파트들을 내집마련 대상으로 생각했을 때, 그 아파트들의 기본 정보는 물론 재건축 시기, 추가 비용, 시행사, 시공사까지 일목요연하게 정리했다. 그리고 아파트 중간에서 전철역까지 몇 발자국 정도나 되는지, 시간은 얼마나 걸리는지도 함께 적어놓았다. 또 병원과 마트는 어느 정도 가깝고 편리한지, 아이들이 다닐 학교까지 몇 개 정도의 신호등을 건너야 하는지, 가는 길은 안전한지, 이웃의 인상과 층간 소음 정도, 아파트의 분위기 등도 함께 평가해놓았다.

정보수집노트를 쓸 때는 반드시 그 아파트에 관한 자신의 생각을 적어놓는 것이 좋다. 왜냐하면 나중에 자신의 생각과 판단이 잘 맞았는지 확인할 수 있고, 다음 번 집을 선택할 때 그것이 큰 기준이 될 수 있기 때문이다.

정보수집노트는 내집마련을 할 시기라고 생각하는 때보다 최소 6개월에서 1년 전에 만드는 것이 좋다. 정보수집노트에는 집에 대한 자료 정리는 물론 자신의 현재 상황과 미래 계획에 관한 정보도 6개월이나 1년 단위로 적어놓는 것이 좋다.

자산과 포트폴리오Portfolio 구성은 어느 정도가 될 것이며, 소득과 지출 규모는 어느 정도 되는지에 대해 대략적으로 예상하여 함께 적어놓고 그 예산으로 어느 정도 시세까지의 아파트를 살 수 있을지도 함께 적어놓을 필요가 있다. 무엇보다 자신만의 타임테이블 Time Table(인생 시간표)을 만들어보고 그에 맞춰 내집마련을 계획하는 것이 좋다.

그러면 내집마련 정보수집노트는 어떻게 적으면 좋을까? 순아에게 배운 정보수집노트 만드는 비결을 몇 가지 공개해보겠다.

첫째, 우선 내집마련을 어디에 할지 후보지 위치를 1위부터 3위까지 선정한다. 그리고 신문, 뉴스, 책, 잡지 등에서 그 지역에 관한 모든 정보를 찾아 집중적으로 정리한다. 부동산 관련 사이트를 통해서도 많은 자료를 찾아볼 수 있다.

둘째, 청약, 중소형 아파트, 분양권 아파트, 미분양 아파트, 기존 아파트, 재건축, 재개발, 단독주택, 상가 주택 등의 자료를 자신이 원하는 기준에 맞춰 순서대로 정렬·분류해둔다.

셋째, 지도검색 서비스를 이용해 내집마련 후보지의 지역 근처에 어떤 생활편의시설이 있는지, 대중교통 환경은 어떤지 상세하게 기록해둔다. 내집마련을 후보지를 아파트 단위로 구체적으로 정해두었다면 가장 가까운 버스정류장, 전철역 까지는 얼마나 걸리는지, 대형 할인점은 어느 정도 거리에 있는지 대략 파악해둔다.

넷째, 내집마련 후보지에 대한 사전조사가 끝났으면 해당 지역 중개업소를 몇 군데 둘러보고, 중개사들의 의견을 조합해본다. 사전조사 했던 내용과 어느 정도 맞아 떨어지는지도 파악해보고 사전조사를 하면서 궁금했던 내용도 물어보고 확인해본다. 몇 군데 다녀 보면 어떤 중개사가 좀 더 많은 정보와 지식을 갖고 있는지, 또 신뢰할 만한 사람인지 파악해볼 수도 있다.

다섯째, 집을 보러 가면 일단 그 집의 기본적인 정보는 모두 기록해둔다. 예를 들면, 아파트의 위치, 세대 수, 대지지분, 건폐율, 용적률, 세대당 주차대수, 녹지비율, 학교와 교육열, 향, 베이, 여름철과 겨울철 관리비 등이다. 집을 보러 갈 때 정보수집노트를 가지고 가거나 이 항목들을 체크리스트처럼 만들어 가지고 가서 가보는 집들마다 해당 항목의 정보를 기록해둔다. 사진을 찍어 함께 붙여두면 어떤 집인지 나중에도 금방 생각날 수 있다.

여섯째, 해당 집에 대해 중개사의 견해는 어떠한지, 그리고 본인의 견해는 어떠한지도 기록해둔다. 집에 대한 기본적인 정보 외에도 원래 살던 사람이 왜 이사를 가려고 하는지, 집에 대한 만족도는 어떠했는지 등도 가능하면 알아보고 기록해두면 좋다.

아마 대부분의 사람들이 서울과 수도권의 일부 지역 집값이 터무니없이 비싸다는 생각을 해봤을 것이다. 물론 서울이라고 모든 집이 다 비싼 건 아니다. 서울 시내에서도 어떤 지역은 아직 평당 1천만 원이 채 되지 않지만, 집값 논란의 핵심인 강남 지역은 평당 시세가 3~4천만 원에 이른다. 왜 이렇게 집값이 몇 배씩이나 차이가 나는 걸까? 집값을 결정하는 조건들은 어떤 게 있을까?

지금의 집값이 '옳다, 그르다'를 떠나 일단 집값이 어떤 원리로 결정되는지 알면 가치 있는 집을 손해 보지 않고 살 수 있다. 집값이 결정되는 데는 크게 여섯 가지 요소가 작용한다.

1. 국민소득

혹자는 연간소득대비 집값 비율 PIR : price to income ratio이 2005년에 7.7, 2006년에 8.2로 선진국보다 서너 배 높다는 얘기를 하며 집값이 지금보다 절반이 되어야 한다는 주장을 하기도 한다. 그러나 만약 그렇게 된다면 집 없는 서민은 그 당시로는 좋겠지만 집이 있는 서민들은 대출금 때문에 파산할지도 모른다(여기서 서민의 정의는 당장 돈을 벌지 않으면 생계를 유지할 수 없는 사람을 말한다). 그 여파로 인해 내수가 불안정해 많은 회사가 도산하고 사람들은 소득이 없어 당장 먹고살 수 없게 될 수 있다.

집값은 다양한 변수에 따라 달라지기 때문에, 적정가가 얼마라고 정확히 단정 짓기는 힘들다. 그러나 한 사람이 한 해에 받는 급여 수준과, 대출가능금액 등을 따져봤을 때 대체로 연 소득의 여덟 배 정도가 적정한 집값인 것으로 나타났다.

얼마 전 인터넷에서 대한민국에서 33평형 집의 적정 가격이 2억이라고 쓴 글을 읽었다. 그 사람의 의견에 어느 정도 공감이 가고 실제로 그랬으면 하는 바람도 있었지만 현실과는 동떨어진 얘기다.

2004년 결혼 후 필리핀의 보라카이로 신혼여행을 갔을 때, 필리핀은 국민소득이 2천 달러 정도라 집값이 굉장히 쌀 거라고 예상하고 가이드에게 시세를 물어봤다. 그런데 그 가이드도 당시 필리핀에 집을 사기 위해 알아보고 있었는데, 필리핀의 수도인 마닐라에서 괜찮은 주택 시세가 2~3억 정도라고 했다. 당시 서울의 목동에 있는 소형 주택과 강남권의 재건축 소형도 시세가 2~3억 정도였다. 물론 비교 대상에는 차이가 난다. 필리핀의 집은 정원이 있는 집이고 서울의 집은 아파트니 말이다.

그러나 우리나라의 국민소득이 2006년 9월에 이미 1만 6천 달러를 돌파해 필리핀의 여덟 배에 달하고 서울은 이미 인구가 천만이 넘는 대도시라는 것에 입각해 생각해보면 '대한민국의 수도 서울에서 필리핀의 수도보다 더 싼 집값을 바라는 것은 무리가 아닐까?'라는 생각이 든다.

2. 인구변화에 따른 수요와 공급의 원칙

우리나라는 다른 나라와는 달리 국민의 절반 이상이 서울과 수도권 중심지역에 집중되어 있다. 2005년 5월 통계청 조사 결과에 따르면 수도권 지역은 전 국토의 11.8%에 불과한데, 수도권 인구는 우리나라 인구의 절반 이상인 2,767만명으로 수도권 과밀화 현상이 뚜렷하게 나타나고 있다.

이를 해결하기 위해 정부에서 신도시를 건설하고 있지만, 여전히 인구 증가 속도를 못 따라가고 있는 실정이다. 현재 서울과 수도권 지역 내에 매년 100만 명 단위로 인구가 유입되고 있는데, 주택건설 계획을 보면 해마다 서울에서 약 10만 명, 수도권에서 약 30만 명 정도밖에 수용할 수 없기 때문이다. 즉 수요는 많은데 공급이 부족하니 자연히 집값이 오를 수밖에 없다.

게다가 핵가족화, 독신가구의 증가, 이혼증가, 노인들의 도심회귀 현상 - 응급 상황을 대비해 병원 등 의료시설이 편리한 곳을 찾는 사람이 늘어나고 있다. 또 외로움 때문에 도심으로 오기도 한다 - 으로 인해 수요는 갈수록 늘어나고 있다.

사실 정부에서 내놓은 전국의 주택보급률은 2005년 말에 105.9%에 달했고, 수도권의 경우 96.8%, 서울은 89.7%였다. 그러나 현행 주택보급률은 1인 기구(독선가구)와 6인 이상 비혈연기구는 제외히고, 부양가족이 있는 가구주 중심의 혈연가구만 포함시킨 구조로 주택보급률의 통계의 현실성을 떨어뜨렸다.

통계치의 정확성을 위해 건교부에서는 2007년부터 전체 가구의 20%를 차지하는 싱글(독신)가구도 실질주택보급률 통계에 반영할 예정이라고 한다. 그렇게 되면 주택보급률은 기존 수치에서 최고 9% 정도는 떨어질 것이다. 이는 곧 여전히 우리나라의 주택 수요자가 공급량보다 많다는 것을 의미한다. 이런 상황에서 집값이 떨어질 수 있을까?

3. 유가상승과 원자재 가격

우리나라는 현재 중동산 두바이유를 수입하고 있는데, 2004년 두바이유의 평균 가격은 배럴당 33.64달러였고 현재는 66달러 정도이다. 원유가격은 안정세라고 했던 언론의 보도와 달리 산유국의 불안이 지속되고 있어 작년 하반기보다 무려 10달러나 올랐다.

갑자기 웬 '유가油價' 타령이냐고? 사실 집값은 유가의 상승과 밀접한 관계를 가지고 있다. 유가가 상승하면 건축 자재-철골, 섀시 등-비용이 상승하고 그에 따라 물가가 동반 상승한다. 그러면 인건비가 올라가고 인플레이션 현상으로 자연스럽게 집값이 올라가게 되는 것이다.

4. 정부 정책과 주기설

지금까지 약 40년 간 부동산 관련하여 정부가 펼친 부양책과 규제책은 약 50여 개에 이른다. 집값이 하락할 때는 부양책을, 상승할 때는 규제책을 내놓아서 시장 균형을 맞추기 위한 것이었다.

그런데 정부가 버블세븐지역을 발표해 규제책을 내놓으면 버블세븐의 지역이 오르고, 투기를 규제하기 위해 투기지역으로 묶으면 그 지역 집값이 전체적으로 올랐다. 말하자면 정부가 규제하는 곳에서 오히려 집값이 올라가는 기현상이 생긴 것이다.

정부가 정책적으로 규제하는 지역은 투자들이 많이 몰리는 곳이라 생각하고 일반인들도 앞 다투어 사려고 하기 때문이다. 또한 큰 선거를 앞둔 시기에도 정부정책에 상관없이 집값이 더 오른다.

집값은 정부정책뿐만 아니라 주기설에 영향을 받기도 한다. 집값은 장기적으로 10년을 주기로 변한다는 '10년 주기설', 중기적으로는 5년마다 변한다는 '5년 주기설', 단기적으로는 3년마다 변한다는 '3년 주기설' 등이 있는데 2007년은 그 '5년 주기설'에 해당되는 해이다. 한 조사에 따르면 2007년 하반기에 대선을 앞두고 집값이 올라갈 것이라고 대답한 사람이 79.6%에 달했다고 한다.

5. 미국 환율과 금리

집값 상승은 금리와도 직접적인 연관이 있다. 세계 각국의 집값이 오른 이유는 화폐 가치 하락, 시중 유동자금 증가, 마이너스 금리에 힘입어서였다. 거액의 자금을 가진 투자자들은 자국의 마이너스 금리 상황에서 이득을 최대한 내기 위해 개도국이나 후진국의 부동산에 투자했고, 그에 따라 전 세계적으로도 집값이 오르게 되었다.

우리나라도 저금리와 증시 침체로 인해 시장은 과잉유동성을 가지게 되었고, 그것은 집값의 연속 상승으로 이어졌다.

세계적인 저금리 상황에서 우리나라는 콜금리는 다소 올랐고 시중 은행의 대출금리는 콜금리의 영향을 받아 올랐다. 또 정부는 지급준비율을 인상시켜 시중의 돈이 풀리는 현상을 막도록 했다.

시장에 돈이 풀리면 화폐통화량이 많아 화폐 가치가 떨어지고 금리가 인하되어 부동산 시장은 더욱 예민해지고 가격이 급등하게 되는 가수요가 생기기 때문이다.

그러면 미국의 환율은 우리나라 경제와 어떤 관련이 있을까? 간단히 설명하면 이렇다.

환율 상승 ➡ 달러 가치 상승, 원화 가치 하락
(환율이 상승해서 원화가 평가절하 된다는 것이다.)

원화 가치가 하락하면 우리나라의 수출이 증가한다. 원화의 가치가 떨어지면 해외의 상품이 상대적으로 비싸지기 때문에 수입은 감소하고 국내 물가는 오르며 수입제품의 가격도 비싸다.

환율 하락 ➡ 달러 가치 하락, 원화 가치 상승
(환율이 하락해서 원화가 평가절상 된다는 것이다.)

원화 가치가 상승하면 우리나라의 수출이 감소한다. 원화의 가치가 높아지면 해외의 상품이 가격이 상대적으로 내려가기 때문에 수입은 증가하고 국내 물가는 안정을 찾고 수입제품의 가격도 내려간다.

● **콜금리** 은행간 자금 거래를 위한 금리. 일시적으로 자금이 부족한 금융기관이 다른 금융기관에 돈을 빌려달라고 요청하는 것을 '콜(call: 요청하다)' 이라고 한다. 은행, 보험, 증권업자 간에 이루어지는 초단기 대차에 적용되는 금리가 바로 콜금리이다.

6. 심리적 가수요와 희귀성의 원칙

기업체들이 많이 몰려 있는 도심지는 출퇴근 유동인구가 많기 때문
에 교통난이 심각하다. 그 지역으로 출퇴근을 하는 사람들은 교통난
이 싫어서 직장과 가까운 곳에 집을 구하려고 한다. 그런 사람들이
많이 몰리기 때문에 기업체가 많은 도심지 근처의 집값은 비싸게 정
해진다.

그 대표적인 예가 강남이다. 강남 지역 역시 직주근접을 원하는
수많은 직장인들의 심리에 기초해 집값이 매우 높게 설정되어 있다.

물론 강남 지역의 집값이 높은 이유는 직장뿐만 아니라, 교육여건
과 문화생활 등 편의시설이 잘 정비되어 있기 때문이다. 그런 여러
가지 조건들 때문에 많은 사람들이 강남 지역을 선호하고, 그러한
심리 때문에 집값이 올라갔다고 해도 과언이 아니다.

이런 심리를 자극하는 요소 중에는 '희귀성'도 있다. 직장과 가
깝고, 생활편의시설, 문화시설, 교육여건, 대중교통 등의 환경이 잘
갖추어져 있고, 인맥관계를 형성할 수 있는 인프라가 형성되어 있
는 지역은 그리 흔하지 않다. 많이 없기 때문에 사람들은 더 원한다.
이러한 심리가 사람들을 몰리게 하고 집값을 올리는 요인이 되는 것
이다.

내집마련 최적의 타이밍

● 집값 하락기

대다수의 사람들이 집값이 상승할 때는 부동산 문턱이 닳도록 드나들고 집값이 하락할 때는 집을 쳐다보지도 않는다. 그러다가 다시 반등하면 '얼마 전까지만 해도 가격이 쌌는데……'라며 예전 가격이 얼마였다는 얘기만 한다.

'오른 가격에 예전 가격을 비교해보니 뭔가 속는 것 같은 기분에 억울해서 살 수가 없고, 사고 나면 다시 하락할까봐 무섭다'고 하면서 사는 것을 미룬다.

이럴 땐 아파트 가격이 오르면 올라서 좋고, 설사 아파트 가격이 떨어진다고 해도 가족이 생활할 공간이 생긴다는 위안을 가지면 된다. 아파트도 가격 하락기가 있다. 모든 것이 세일에 들어가지만 아파트만은 그렇지 않다고 생각한다면 오산이다. 아파트도 시장의 경기와 밀접한 관계가 있기 때문에 일정한 사이클이 존재

한다. '호황기 ➡ 성장기 ➡ 불황기 ➡ 침체기' 크게 네 가지로 번 갈아서 주기가 돌아가는 것이다.

지금 집값이 하락기라고 해도 겨울이 오면 봄이 가깝듯이 불황이 심하고 침체가 시작되면 상승이 가까운 것이므로 그때 내집을 마련하는 것이 좋다. 많은 사람들이 '무릎에 사서 어깨에 팔아라'고 말하며 과도한 욕심을 부리지 말라고 하는 것은 이런 까닭이다.

하락기에는 급매와 비슷하게 싼 매물이 나온다. 부동산의 경우 특히 아파트의 경우에는 하방경직성이 강해서 오를 때는 큰 폭으로 상승하고 하락할 때는 소폭으로 하락한다. 예를 들어 집값 상승기에 2억인 집이 3억으로 상승했지만 하락기에는 다시 2억이 아니라 2억 6~7천만 원대로 가격이 매겨지는 것이다.

하락기에는 전반적으로 침체된 분위기 때문에 집을 사야 할지 판단하기가 어렵다. 또 위의 예처럼 가격이 오른 상태에서 다소 내리기 때문에 그렇게 싸다고 여겨지지 않을 수 있다. 하지만 이런 이유로 하락기에는 집을 사려는 사람들이 거의 없기 때문에 좋은 물건을 내 입맛과 취향에 따라 고르면서 싸게 살 수 있다.

집값 하락기는 계절적으로 비수기라고 하는 때다. 부동산 시장에선 흔히 여름과 겨울이 비수기다. 그러나 요즘에는 결혼하면서 내집마련을 하려는 사람들 때문에 한여름과 한겨울에도 집 매매가 활발히 이루어지는 편이다. 즉 비수기가 일정치 않다는 말이다.

하지만 일반적으로 아파트 값이 싼 시기는 11~12월, 4~5월이다. 아파트 값이 비싼 시기는 8~9월, 2~3월이다. 그러나 앞서 언급했듯이 아무도 지금이 최저점인지는 얘기해줄 수 없다. 항상 상황의 변동이 심하기 때문이다.

'더 떨어질 거 같아'라고 기대하며 내집마련을 미루는 것은 오히려 황금 같은 시기의 무수한 기회들을 날려버리는 것과 같다. 내가 아는 한 고수는 '상승기'보다 오히려 '하락기'에 집중해서 매물을 사고 '상승기'나 '활황기'때는 매물을 비싸게 판다.

"주식이나 펀드처럼 무엇이든지 가치가 떨어졌을 때 투자해야 해. 하락한다고 영원히 하락만 계속할 게 아니거든."

고수들에게 부동산 하락기는 '정가보다 싸게 사는 제일 좋은 시기'인 셈이다.

주식 같은 경우는 값이 떨어질 때 한없이 나락으로 떨어지지만 아파트는 하락하더라도 그렇게 많이 떨어지지 않기 때문에 최고가보다 20% 정도 가량 빠졌다고 생각되면 그때가 바로 집을 사야 할 최적기이다.

● **반등은 놓치지 말아야 할 내집마련의 신호**

집이 하락기에서 상승기로 넘어갈 때 집의 가격은 '반등'을 한다. 즉 바닥을 치고 그것을 발판 삼아 다시 상승하는 시기, 한없이 나락으로 떨어지다가 조금씩 오르기 시작하는 때가 바로 반등의 시작인 것이다.

반등할 조짐을 보여주는 첫 번째 신호탄은 금리하락이다. 금리가 오르면 아파트 가격은 하락하고 금리가 내리면 아파트 가격은 상승한다.

두 번째, 금리 중에서도 기준이 되는 것은 채권 금리이다. 아파트도 채권 금리가 내리면 내리고 채권 금리가 오르면 아파트 가격도 오른다. 아파트 가격은 채권 금리와 같은 방향인 것이다.

세 번째, 주가도 신호탄이 될 수 있다. 주가가 오르면 부동산도 따라 오른다. 보통 주가가 부동산에 6개월 선행한다고 하나 인터넷 통신망의 발달로 인해 요즘은 그 간격이 6개월 이내로 짧아지기도 한다.

네 번째, 집을 짓는 데 가장 중요한 역할을 하는 유가가 내리면 아파트 가격은 하락하고 유가가 상승하면 아파트 가격은 당연히 오른다.

다섯 번째, 현재 집을 사려는 30대 혹은 40대 유입 인구가 증가하면 반등의 조짐이 보이는 것이다. IMF 이후 집값이 급등한 것은 실제적으로 1955년부터 1963년에 태어난 베이비붐 세대가 30~40대의 집이 필요한 인구로 유입되었기 때문이다.

반등을 예측하는 것은 쉽지 않다. 여러 가지 복합적인 요인이 작용하기 때문이다. 특히 아파트 가격이 떨어지고 있는데 다시 올라간다고 해도 회의적인 반응을 보일 수밖에 없다. 그러나 반등이 시작되고 나면 이전의 하락기 때의 모습은 온 데 간 데 없이 죽 올라간다. 따라서 반등이 시작할 여러 가지 조짐 중 한두 가지의 징후라도 보이면 내집마련을 더 이상 미루지 말고 실행하는 것이 좋다.

하지만 대부분의 20~30대 싱글과 기혼 여성들은 주식에 그다지 관심이 없으며 유가 상승 등의 국제정세에도 별 관심이 없다. 이런 여자들이 손쉽게 반등의 조짐을 포착하는 방법은 어떤 것이 있을까?

바로 '전세 물건이 없는 때'를 찾으면 된다. 전세 물건이 없어서 전세가가 올라가면 매매가의 상승이 연이어서 이뤄진다. 혹자는 매매가의 50% 비율 정도로 전세가가 올라가면 집을 살 시기라고 한다. 서울의 경우 보통 전세 가격이 매매가의 30% 정도 수준에서 형성되는 곳이 많다. 전세가가 조금이라도 상승하면 반등이 다가오고 있다는 신호라고 생각하는 것이 좋다.

내집마련은 선택도 책임도 나의 몫

집을 사려고 할 때 대부분의 사람들은 부모님이나 형제, 친구에게 상담을 한다. 그러나 이 경우 '장님이 장님을 인도한 격'만 되어 실패할 가능성이 매우 높다. 혹은 '미쳤다'고 비웃거나 자신들의 '판단'을 강요한다. 하지만 남이 해준 말을 듣고 판단한 결과가 평생을 후회할 일이라면 그 책임은 누가 지겠는가?

남들이 말해주는 기준이나 판단을 버려라. 자신이 진정 원하는 것이 무엇인지에 최대한 초점을 맞춰서 생각하고 결단하라. 다른 것도 그렇겠지만 내집마련 역시 '선택도 책임도 항상 본인의 몫'이다.

"전문가 누구의 말이 당분간 집값은 이렇대, 혹은 저렇대."

"우리 아버지가 그러시는데 요즘 아파트값이 하락세래."

"앞으로는 시장이 안정세로 간다니까, 좀 더 있다 사야겠어."

하지만 내집마련을 할 때 주위 사람들의 말은 단순 참고용으로 조차 삼아서도 안 된다. 그들의 말은 제대로 된 '기준'이 아니기 때문이다. 넓고 거친 바닷속을 헤치고 나아가는 것은 자신의 몫이다. 내집마련을 하는데 있어서 가장 절실한 사람은 그 누구도 아닌 '나'이고, 그 집에 사는 사람도 '주변인이나 전문가'가 아닌 '나' 혹은 '나와 내 가족'이다. 아무리 전문가라 할지라도 나의 상황, 수입, 소비성향, 직장위치 등을 제대로 알지 못하면 정확한 조언을 해주기 힘들다.

더구나 조언을 해주며 자신의 판단을 강요하던 '남'들은 조언만 달랑 해놓고 내가 죽든 살든 내 인생에는 관심이 없으며 그 결과에 대해 책임을 져주지도 않는다. 어떤 일이든 최종 결정과 행동은 자신이 하는 것이고, 그 결과에 대해 책임을 지는 것도 나의 몫이다.

자료나 정보를 수집·분석하기 위해 남의 의견을 듣는 것은 어느 정도 필요하다. 그러나 '판단'까지 자신이 아닌 다른 사람에게 맡기는 것은 위험하다. 스스로가 정보를 분석하고 자신의 상황에 맞게 선택하는 것이 가장 현명한 방법이다.

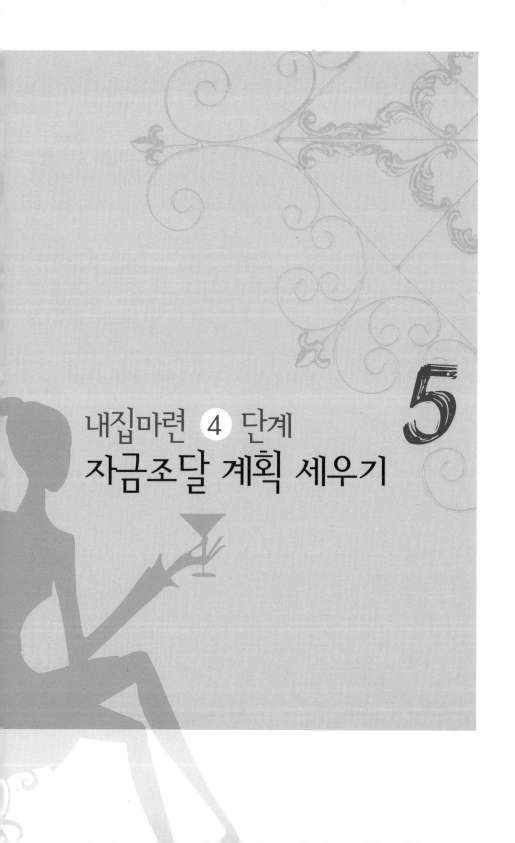

내집마련 4 단계
자금조달 계획 세우기

5

현명하게 대출하고 똑똑하게 투자하자

내집마련을 할 때 가장 걸림돌이 되는 부분이 자금 문제이다. 절약과 저축과 투자를 통해 일
정의 종자돈을 모아 내집마련을 준비했다면 부족한 비용은 현명하게 대출을 해야 한다. 그
렇다면 어떻게 대출을 하는 것이 현명할까?

나이가 어린 20대 싱글이나 소득이 적은 30대 여성, 아직 20~30대인 기혼여성들은 대출을
한다면 어느 정도의 금액을 어떻게 빌리고 어떻게 갚아야 하는지, 대출을 얻어 내집마련을
할 때 꼭 알아야 할 필수 사항도 꼼꼼하게 체크해봐야 한다. 그리고 자신에게 맞는 대출 비
율과 기간을 제대로 설정하는 것, 그 후 대출상환계획으로 대출을 거뜬히 갚아나가는 법도
함께 배워둬야 한다. 이번 단계에서는 현명하게 대출하는 방법에 대해 이야기해보겠다.

대출, 미래소득으로 현재의 가치를 사는 방법

모든 빚은 절대 좋은 것이 아니다. 단, 내집마련을 위한 대출만을 제외하고 말이다. 부자들은 빚테크를 통해 자본금을 불리기도 하지만 서민들에게 빚테크는 부담스러운 일일 수도 있다. 그러므로 가능하다면 대출을 덜 받도록 노력해야 한다.

대출을 받아 집을 사는 것은 미래소득으로 현재의 가치를 사는 것이다. 집을 살 때는 보통 계약금(집 가격의 10%), 중도금(2~4회, 요즘은 1회로 지급), 잔금으로 나누어 돈을 지급하게 되는데 자금이 부족한 서민들은 이 과정에서 대출을 받게 된다.

그러나 최근 바뀐 대출제도로 예전처럼 대출을 받기는 쉽지 않다. 얼마 전까지만 해도 6억 원이 넘는 아파트에 대해서만 DTI(총부채상환비율)를 40% 이내로 규제받았지만, 지금은 6억 이하의 아파트도 똑같이 규제를 받는다. 그러나 이 경우도 개인의 소득에 따라 대출한도가 달라진다.

쉽게 말하면 '자신(부부 합산)의 연봉×4배'를 하면 대출가능한 도액이 된다.

이것은 대출 기간을 대략 10년 정도로 잡았을 때의 금액이고 만약 기간을 좀 더 길게 한다면 대출 금액이 더 늘어날 수도 있다 (연봉의 5배 정도까지). 자신의 신용도가 높으면 대출한도가 다소 더 늘어난다.

또한 DTI 규제의 기준이 가구당 소득이기 때문에 맞벌이 부부의 경우 대출이 상대적으로 유리하다. 그러나 다른 대출이 있다면 대출액은 더 줄어든다. 앞으로는 1가구 1대출 외엔 허용이 되지 않기 때문에 대출을 할 때는 신중해야 한다. 단, 갈아타기로 인한 일시적 2주택은 제외로 1년 정도의 유예기간을 준다.

DTI Debt-to-Income

총소득에서 해당 대출의 연간 원리금 상환액과 기타 부채의 이자 상환액을 합한 금액이 차지하는 비중. 즉, 총부채상환비율을 의미. 예전에는 부동산 등 담보를 기준으로 대출금액을 산정했으나 DTI는 소득과 대출 기간에 따라 대출액을 제한하는 제도.

투기지역은 DTI 비율을 40%로 제한하고 소득이 많고 대출 기간이 길수록 대출액은 늘어난다. 가령 15년 상환대출의 경우, 소득이 연 3천만 원이면 1억2천만 원, 5천만 원이면 2억 원, 7천만 원이면 2억8천만 원만 대출을 받을 수 있다.

만약 연소득이 5천만 원이고 대출원금과 이자 상환액이 연 2천 500만 원이라면 DTI비율은 50%, 연소득이 1억 원이고 원리금 상환액이 2천 500만 원이라면 DTI비율은 25%이다. 수치가 낮을수록 자신의 소득으로 부채를 상환할 수 있는 능력이 높다는 의미이다.

대출 신청을 할 때는 근로소득원천징수영수증, 소득금액증명원, 연금증서 등 공공기관에서 발급한 증빙자료가 있어야 한다. 자영업자인 경우 세무서 발급 소득금액증명원이나, 사업소득원천징수영수증을 제출해 소득을 증빙하고 이런 서류를 제출하기 어려운 경우 국민연금관리공단에서 발급한 국민연금납부증명원 또는 최근 3개월 동안의 국민연금납부영수증을 증빙자료로 쓸 수 있다.

DTI 규제로 대출을 막고 있지만 아직까지 신협, 수협, 새마을금고, 단위 농협이나 지방 농협, 축협 등에서는 감정가의 60%까지 대출이 가능하다. 이 경우 이자가 6~8%로 시중금리와 유사하고 중도상환수수료도 없을 수 있지만 대출취급수수료가 1% 정도 붙는 곳도 있으므로 조건을 잘 살펴보고 신청하는 것이 좋다.

일부 외국계 은행이나 상호저축은행 등은 이자율이 7~9%에 3년 이내 중도상환수수료가 2~3% 정도로 실제 이자율이 10%가 넘는다. 그러므로 가장 이자가 적고 소득공제를 가장 많이 받을 수 있는 방향으로 조건을 꼼꼼히 따져봐야 한다.

2006년 1분기 도시근로자 가구의 연평균 근로소득은 4,132만 원이었고, 연평균 저축금액은 805만 원이었다. 1인당 주택담보대출 금액은 평균 7,719만 원에 이른다. 29세 이하와 30대 도시근로자 가구의 지난해 평균 소득을 집계하면 각각 3,329만 원, 3,989만 원이다.

1인당 평균 주택담보대출 금액이 7,719만 원인데, 연평균 저축금액이 800만 원 남짓이니 10년은 갚아야 빚을 청산할 수 있다는 말이다. 물론 소득의 변화, 그리고 개인별 차이가 있겠지만 평균적으로 볼 때 이런 결과가 나온다는 건 실제로 그런 사람들이 많다는 의미다.

이런 자료에 근거했을 때 너무 많은 대출은 위험할 수도 있다. 아파트가 항상 불패신화만을 거듭하는 것은 아니니까 말이다. 하지만 중요한 건 다른 사람들의 상황이나, 주어진 조건들이 아니라 자신의 의지다. 자신의 저축 비율을 늘리고 수익을 늘릴 계획을 확실히 세우고 있다면 그에 맞게 대출 비율을 설정하고 노력하면 된다.

그래도 대출금이 부담스러운 사람이라면 대출을 적게 안고 자신이 살 수 있을 만한 가장 좋은 곳을 찾아보는 노력을 남들보다 디 많이 해야 힌다.

헨리포드가 말했듯이 '할 수 있다고 생각하든지 할 수 없다고 생각하든지 당신은 언제나 옳다.' 왜냐하면 내집마련을 하는 사람은 바로 당신이기 때문이다. 당신이 불가능이라고 생각한다면 불가능한 것이고 가능하다고 생각하면 가능한 것이기 때문이다.

집을 사고 결혼을 한 후 내 첫 신혼 생활은 그렇게 풍족하진 않았다. 매달 빠져나가는 나의 대학원 학자융자금액이 약 80만 원, 남편 학비와 대출이자, 건강보험과 연금료, 생활비(식비+잡비+공과금+통신비+교통비), 사보험, 경조사 비용 등 나가는 돈이 상당했다. 그래서 불필요한 식비인 외식을 하지 않고 소비성 물품을 최대한 줄였다.

처음엔 그런 과정이 힘들었고 내 자신이 비참하게 느껴졌다. 주변에서는 그런 나에게 동정을 가정한 질시를 보냈다.

"그것 봐라. 너무 많은 대출을 받으니 그렇게 힘들지."

"그러게 뭐 하러 처음부터 집을 사냐?"

신혼 초 대출 때문에 현실이 막다른 골목의 벽같이 느껴져 우울해하던 어느 날, 일산에 살고 있는 결혼 10년차 언니에게 살기 힘들다고 전화를 했다. 대출받아 힘들다고 하소연하는 나에게 언니의 말은 무더운 삼복더위에 맞는 시원한 빗줄기처럼 느껴졌다.

"대출받았다고 뭘 그렇게 힘들어해? 어차피 살 거면 신혼 초에 사는 것도 괜찮아. 다들 그렇게 대출받고 집 사는 거야. 대출이자 때문에 부담스럽다고 생각하지 말고 그냥 적금 넣는다, 생각하고 마음 편안하게 먹어."

먼저 집을 사고 대출금을 갚아나가는 것이 처음에는 힘들다. 그렇지만 대출은 적금처럼 쉽게 깰 수 있는 것이 아니기 때문에 먼저 내집마련을 하고 대출금을 갚아나가는 것은 적금보다 강제성이 있어 대출금도 줄고 자산의 비율도 증가하며 돈도 빨리 모으는 효과가 있다.

요즘 한창 뜨고 있는 증권사에서 판매한다는 '1억 만들기' 상품이 별건가? 제대로 된 내집마련 후 대출을 갚으면 '1억 만들기' 상품 못지않은 효과를 얻을 수 있다.

알고 하는 대출은 자산을 지켜준다

대출을 한다고 생각하면 일단 싸게 저리로 빌릴 수 있는 사내융자금을 빌리거나, 퇴직금을 미리 정산해 가능하면 대출금액을 줄이는 것이 좋다. 가까운 친척이나 가족에게 은행보다 싼 이자로 빌리는 것도 좋은 방법이다. 가능하면 이자가 최고로 싼 자금을 빌리는 것이 좋다. 왜냐하면 대출을 해주는 곳은 많지만 한 푼이라도 더 싼 곳에서 빌리는 것이 유리하기 때문이다.

집단보대출은 크게 네 부류, 즉 국가, 은행, 제2금융권(신협, 새마을금고, 상호신용금고, 각 단위 농협, 축협), 제3금융권(보험사, 카드사)이 있다. 각각의 금융권에서 판매하는 대출은 상품은 비슷하지만 이름은 모두 다르다.

일단 대출금리를 비교하는 사이트에 들어가서 모든 대출금리를 비교해보고 선택하자. 어떤 곳은 이자율이 싸거나 비슷하지만 대출 후 상환조건에 의무거치기간이 길어 이자를 내는 금액이 많은 경우도 있다.

만약 오랫동안 이자만 내고 원금은 상환하지 않는 경우라면 괜찮지만, 만약 돈이 생기는 대로 바로 대출원금을 갚아나갈 계획이라면 거치기간이 길거나 이자율이 높은 일부 제2금융권이나 제3금융권은 피해야 한다. 사채 수준의 이자를 내야 하는 곳도 당연히 안 된다.

대출을 할 때는 매입 시 들어가는 취득세, 등록세 등과 같은 각종 세금과 이사 비용, 내부수리 비용, 복비까지 함께 계산해서 빌려야 한다. 만약 대출이자가 부담스럽거나 당분간 사정이 어려울 것 같다면 대출할 금액과 1년 치 대출이자를 함께 빌려놓거나 1년 동안 거치기간을 설정해 시간적 여유를 가지는 것도 좋은 방법이다.

대출을 받을 때는 대출가능금액, 이자금액, 대출이자율, 변동금리/고정금리, 거치기간 여부, 인지대, 감정료, 설정비, 중도상환 수수료, 대출취급 수수료를 세세하고 꼼꼼하게 알아봐야 한다. 지금은 세계적으로 금리가 오르고 있는 추세이기 때문에 단기대출은 변동금리로, 장기대출은 고정금리로 하는 것이 유리하다.

대출가능금액은 은행마다 다르다. 같은 은행인 경우에도 신규 입점한 곳은 특판을 하는 경우가 있어 대출가능금액은 더 높고 금리는 더 낮은 경우가 있다.

그러나 현재는 소득 수준에 비례하여 대출 가능금액이 달라지기 때문에 소득이 적은 사람의 경우에는 이미 대출을 최대로 받은 아파트를 사는 것이 유리할 수 있다. 즉 융자가 있는 주택을 사는 것이 더 유리하다는 말이다.

단 이때 대부분의 제1금융권은 소득이 적으면 그 차액을 갚아야 하나 제2금융권이나 보험사 등은 그대로 승계 가능한 경우가 있다. 이렇게 대출을 승계하게 될 경우 중도상환 조건이 유리하면서 금리가 싼지 살펴봐야 한다.

아파트의 경우 주택 등과 같이 감정료(매물평가 수수료)를 내지 않고(감정사가 있는 금융기관의 경우 감정료를 받지 않는다) 인지대 비용도 10~15만 원 정도이다(1억 이상은 대략 인지대 비용이 15만 원). 설정비(대출설정수수료)를 내는 경우는 중도상환수수료가 적거나 거의 없고 설정비를 내지 않으면 소정의 중도상환수수료가 붙는다. 대출취급수수료는 대부분 제3금융권에서 붙는 영업수수료이다.

🄽 금융권 주택구입자금 대출의 종류

근로자 · 서민주택구입자금 대출
가구주 · 6개월 이상 무주택자 · 부부합산 연소득 2천만 원 이하(식대, 수당, 상여금을 뺀 기본급으로 연소득을 추정하므로 대개 3천만 원 정도까지 해당한다) 전용면적 25.7평 이하, 시가 3억 이하, 집값의 70%(한도 1억 원, 자녀 수가 세 명 이상인 경우는 1억 5천만 원 한도)를 거치기간 1년 이상으로 설정해 20년 이내로 상환하는 방법. 변동금리이나 시중 은행처럼 자주 바뀌지 않기 때문에 고정금리와 유사해 금리가 낮다는 장점이 있다. 중도상환수수료는 없고 우리은행, 농협중앙회, 국민은행에서 취급한다.

생애최초주택구입자금대출
부부합산 연소득 3천만 원 이하, 가구원 모두 이전까지 주택 소유 사실이 없어야 한다. 전용면적 25.7평 이하, 시가 3억 이하, 집값의 70%(1억 5천만 원 한도) 20년 분할상환, 중도수수료와 대출취급수수료는 없다. 우리은행, 농협중앙회, 국민은행에서 취급한다.

주택금융공사 보금자리론
무주택자 혹은 1주택자 대상. 집값의 70%(3억 한도), 30년 이내, 인터넷으로 신청하는 e모기지의 경우 5.75~6.2%의 고정금리로 빌릴 수 있다(대출선이자수수료 납입과 근저당설정비 부담 시). 중도상환수수료는 1~5년 이내 1~2%, 전 은행, 6억 초과 주택에는 대출이 안 된다.

● 한국주택금융공사: www.khfc.co.kr ● 콜센터 1688-8114

각 은행 주택담보대출
소득에 따라 대출비율을 설정(은행마다 다름)하고 이자율은 5~6%, 3개월 CD변동이라 금리가 자주 바뀐다. 현재 계속적으로 금리가 인상되고 있으며, 중도상환수수료는 1~3년 이내 0.5~1.5%, 전 은행에서 취급한다.

기타 대출
제2금융권인 신협, 새마을금고, 상호신용금고, 농협, 축협, 생명보험사와 손해보험사에서 가능. 일부 보험사에서는 5% 중반의 금리가 적용되는 모기지론을 판매하고 있으며 처음 3년간 5% 고정금리를 제시하는 손해보험사도 있다.

상환 계획에 따라 금리 전략도 다르게 하라

앞 상품 중 금리가 상승하는 분위기일 때는 고정금리 상품인 생애최초나 고정금리 상품과 다름없는 근로자·서민 주택구입자금대출을 이용하는 것이 좋다.

그러나 생애최초주택구입자금대출은 무주택 가구이면서 과거에 주택을 보유한 사실이 없는 사람에게만 가능하다. 또 35세 미만 단독 세대주는 대출이 불가능하므로 35세 미만 싱글은 대출이 불가능하다. 결혼할 예정이라면 미리 혼인신고를 하고 계약한 집을 담보로 대출할 수 있다.

보금자리론은 대출한도가 3억 원으로 6억 원 이상의 고가 주택이나 다가구 오피스텔, 재개발이나 재건축 진행주택에 대해서는 대출이 되지 않는다.

대출이자율은 은행이자율 중에 제일 싼 것으로 고르되 변동금리인지 고정금리인지를 결정해야 한다. 고정금리가 장기적으로 더 유리하다 하더라도 대출 금액을 빨리 갚을 예정이라면 변동금리가 자신에게 더 유리할 수 있다. 그러나 나라에서 빌려주는 고정금리 상품인 보금자리론 등은 저금리이면서 고정금리이기 때문에 대체로 변동금리보다 유리하다.

대출상환방식을 바꾸면 이자율도 줄어든다

대출을 상환하는 방법은 세 가지가 있는데 빌리는 사람에게 유리한 순서로 보자면 '원금균등분할〉원리금균등분할〉만기일시상환'이 될 수 있다.

원금균등분할은 원금과 이자를 함께 상환하는데 원금이 줄어들면 이자도 함께 줄어서 가장 좋은 대출 방식이다. 은행의 대출담당 직원 중 일부는 물가상승과 화폐가치 하락이라는 변수를 생각하면 처음에 원금을 많이 내야 하는 원금균등분할 상환방식보다 원리금균등분할 상환방식이 더 유리하다고 말해주기도 한다.

그러나 원리금균등분할 방식은 원금과 이자를 함께 상환하지만 원금이 줄어들었을 때 이자 비율이 줄긴 하지만 원금균등분할처럼 많이 줄어들지는 않는다.

만기일시상환 방식은 거치기간이 있어서 이자만 내다가 만기에 총액을 상환하는 방식인데 이것은 대출방식 중에 가장 지양해야 할 방식이다. 만약 만기가 3년 정도라면 괜찮겠지만 30년이나 50년이라고 생각하면 이자만을 내면서 원금은 하나도 못 갚을 수 있기 때문이다.

내가 대출을 받기 위해 세운 기준은 대출가능금액이 가장 큰 것이었다. 그리고 중도금상환수수료가 없거나 적고 이자율이 가장 낮으며 상환방식이 원금균등분할인 것이었다.

그런데 2004년 당시에는 정부에서 대출금에 대해 규제를 했기 때문에 선택의 범위가 너무나 좁았다. 결국 은행에서 중도금상환수수료가 적고 원금균등분할 방식인 대출을 찾았다.

그러나 정부의 정책이 바뀌어 갑자기 1천 500만 원 정도의 금액이 덜 나온다는 것이었다. 그래서 내가 원하던 금액을 대출 받을 수 있으면서 중도금상환수수료가 3년 있고(0.5~1.5%) 원리금균등분할 조건인 다른 은행의 대출을 선택했다.

대출을 고를 때는 설정비를 내더라도 중도상환수수료가 없는 것, 대출금액이 집값에 적합하면서 고정금리인 것, 그리고 상환방식이 원금균등분할이거나 원리금균등분할 방식을 선택하는 것이 좋다.

집담보대출은 반드시 한정근으로 설정하라

대출을 설정할 때는 반드시 '포괄근', '한정근', '특정근'이라는 용어를 알아두어야 한다.

보통 은행에서는 대출을 해주고 집값의 120% 정도의 금액으로 집에 대한 권리를 설정한다. 대출 받을 때 은행에서 작성하는 서류에 보면 포괄근, 한정근, 특정근 이라는 용어가 나오는데, 이 부분이 바로 은행의 권리 영역을 설정하는 부분이다.

포괄근은 대출과목과 대출약정서의 종류와 상관없이 채무자의 모든 대출금에 대하여 책임을 져야 하는 담보를 의미한다.

특정근은 물적 담보의 책임 범위와 관련 특정 대출과목의 대출 금액과 기간에 대해서만 책임을 진다는 의미다.

한정근은 특정 대출과목의 대출거래에 한해서만 책임을 지는 담보이다.

집담보대출 설정을 할 경우에는 반드시 '한정근'으로 설정을 해두어야 한다.

지인 중 한 사람은 포괄근으로 설정된 담보 매물을 샀는데 매도자가 빚이 있었던 터라 결국 그 매물을 팔아야 했던 적이 있었다. 포괄근은 채무자의 모든 대출금에 대해 책임이 있기 때문이다.

따라서 대출을 설정할 경우에는 집의 빚을 못 갚거나 매도자의 주택담보대출을 승계한 경우에 생길 수 있는 만약의 경우를 대비해 단지 그 집의 빚에 대한 책임만을 묻는 한정근 담보를 설정해 놓아야 한다.

내집마련 후 대출 승계를 받으려는 경우에는 집을 판 사람과 함께 은행에 간다. 대출자 명의를 바꾸기 위해 등기권리증, 인감도장, 인감증명서, 등기부등본을 가져가야 한다. 만약 포괄근으로 설정해놓은 매물이라면 매도자의 채무관계가 깨끗하다는 확인서(피담보채무확인서)를 함께 가지고 가서 내도록 해야 한다. 그렇지 않으면 매도자가 가진 개인 빚까지 떠맡는 불행한 일이 생길 수 있기 때문이다.

대출 비율과 기간 설정하는 방법

우리집의 경우 자기자본비율이 50%로 나머지 50%는 대출을 안고 집을 샀다. 남에게 빚지는 것이 싫어 특별한 일 아니면 천 원도 꾸는 법이 없지만, 그보다 전세 살 자신이 없었고 매번 이사하는 것도 아이들을 고생시키는 것도 남의 눈치를 보면서 사는 것도 모두 자신이 없었기 때문이었다.

대부분의 전문가들은 PTI Payment to Income (월 소득 대비 매월 대출상환 금액의 비율로 DTI와 동일) 비율 30% 내외, LTV Loan To Value ratio (주택담보 인정비율, 즉 대출가능한도를 말한다. 예를 들어 주택감정가의 40%, 3억이면 1억 2천 내외)까지 대출 비율을 설정하는 것이 좋다고 조언한다.

대출을 받을 때 내가 계산한 방법은 다음과 같았다.

30세부터 소득이 있는 55세까지 대출 기간을 25년이라고 했을 때 '현재의 소득을 근거로 변수를 고려한 총 가계 소득을 산출하여 대출금을 상환하는 것이 총 가계 소득에서 최대 20%를 넘지 않으면 되는 것'이었다.

예를 들어 한 맞벌이부부가 매달 300만 원을 벌고, 앞으로 30
년 동안 일을 한다고 가정해보자. 이때 이 부부가 벌 수 있는 돈은
총 9억 원이다. 9억의 30%는 2억 7천만 원이다. 하지만 기타 외
부의 변수를 고려하여 9억의 20%를 대출 가능 금액으로 잡으면
1억 8천만 원이 된다. 즉 1억 8천 내외까지는 대출을 받을 수 있
다는 결론이 나오는 것이다.

2006년 말 염창동에 25평 집을 산 31세 싱글 선미는 30년 상환
조건으로 1억 1천 500만 원을 대출받았다. "대출기간이 10년, 20
년도 아니고 30년씩이나!"라며 고개를 젓는 사람도 있을 것이다.

그러나 여기엔 이유가 있다.

첫째, 대출금을 빨리 상환할 수 있다고 해서 상환 기간을 짧게
잡으면 소득공제를 받기가 어렵다. 소득공제를 받기 위해서 최소
한 15년은 대출기간이 설정되어야 한다. 직장인의 경우 이렇게 소
득공제를 받으면 대출금리가 1~2% 정도 줄어드는 효과가 있다.

둘째, 대출상환기간은 줄일 수는 있지만 늘릴 수는 없다. 3년
만기일시상환일 경우 두 번까지 연장이 가능하다고 하지만 넉넉
하게 잡아놓고 빨리 갚는 것이 심리적으로도 덜 불안하기 때문에
만기를 가능한 오래도록 잡아놓는 것이 좋다.

셋째, 대출을 받았을 때 대출금액이 부담스러우면 대출기간을
길게 잡아놓고 집값이 두 배가 되는 시점에 파는 것을 목표로 하

고 이자를 감당해나가면 된다.

예를 들어 선미의 대출이자는 6.2%의 이자율을 곱하면 연간 713만 원이다. 이를 12개월로 나누면 59만 4,167원이 된다. 10년이면 약 7,130만 원이다. 그런데 선미가 산 집은 6개월 만에 3천 500만 원이 올랐으니 취·등록세를 제외해도 4년치 이자는 번 셈이다. 대출상환 기간을 30년으로 설정한다고 꼭 그 기간까지 대출이자를 내는 것은 아니다. 중간에 집값이 오르면 되팔 수도 있기 때문이다.

나의 경우 대출을 받을 때 이런 기준으로 생각했지만, 소득과 금리 상황, 예기치 못한 변수, 또 일할 수 있는 기간 등이 앞으로는 더 불리한 조건이 될지도 모르기 때문에 총액의 20%보다 더 보수적으로 대출을 받는 것이 안정적이다. 나의 방법은 DTI 비율로 계산한 것보다 대출 금액에서 조금 더 유연성이 있지만, 만약 불안하다면 집값의 40% 이내로 대출을 받는 것이 좋다.

대출을 받을 때는 소득도 고려하지만 대출 받는 사람의 심리적인 측면도 고려하는 것이 좋다. 이 말은 곧 '자신이 가능하다고 생각하는 범위' 내에서 대출을 받는 것이 가장 좋다는 것이다. 남들이 "무리다, 미쳤다"라고 하더라도 자신이 할 수 있다고 생각하고 그에 따른 계획을 세웠다면 가능한 일이 될 수 있다. 반대로 남들이 "가능하다"고 하더라도 본인이 그만큼의 대출을 감당할 수 없다고 생각한다면 그건 불가능한 것이다.

대출은 대출기간 동안의 가계소득과 변수, 그리고 외부적인 상황 등을 고려하고 손익계산을 해서 따져본 후에 심리적인 상황과 개인의 성향을 고려해 자신에게 맞는 대출설정비율을 찾는 것이 가장 합리적인 방법이다.

대출상환계획표를 만들어라

현재의 콜금리는 낮아도 정부정책과 세계경제
상황상 금리가 인상될 수도 있다. 금리가 올라가지 않는다 하더
라도 대출은 심리적인 부담감을 줄 수 있다. 만약의 경우를 대비
해서 최소한의 기준을 정해두고 그 금액은 최대한 빨리 갚아두는
것이 좋다. 이렇게 하면 만약의 경우 대출금리를 버티지 못해 집
을 되파는 불상사는 벌어지지 않을 것이다.

● 저축보다 대출상환이 먼저다

많은 사람이 대출을 받고 저축과 투자를 어떻게 해야 하나 고
민한다. 대출을 받았는데도 월급의 70~80%씩 적금을 붓겠다거
나 투자를 하겠다는 것은 어리석은 말이다. 저축은 일정액 필요
하지만 저축의 이자율보다 대출금리가 더 높다는 걸 생각해야 한
다. 대출금리는 무조건 1년 만기 정기 예금 금리보다 더 높게 설

정되기 때문이다.

예를 들어 내가 이자율 5.1%인 적금을 넣는다고 했을 때 세금을 뗀 후 실제 수익률은 세금우대의 경우 4.6%이고 세금우대가 아닌 경우 4.3% 정도이다. 이는 물가상승률과 비슷한 수준이다.

하지만 나의 대출 상황을 살펴보면 3개월 변동금리로 물가상승률보다 높은 6.27% 정도의 이율을 적용받고 있고(며칠 전부터는 0.3% 높아져 6.57%가 되었다) 그것에 대한 이자를 꼬박꼬박 물고 있으니 저축에 가입하는 것보다는 대출을 갚아나가는 것이 현명하다는 것이다.

즉, 대출을 받은 경우에는 가능한 한 보수적으로 대출부터 갚아나가고 내가 목표한 금액까지 갚았다고 생각하면 그때부터 투자를 시작하는 것이 현명하다. 만약 그때까지 기다릴 수 없다면 매달 일정액을 펀드 등에 투자하는 방법도 있다.

● 돈이 생기는 대로 대출을 상환하면 더 빠르게 갚을 수 있다

대출을 갚을 때도 돈이 생기는 대로 상환하는 것과 돈을 모아서 몇 개월 단위 혹은 1년 단위 등으로 상환하는 방법, 두 가지가 있다. 나의 경우는 돈이 생기는 대로 갚아나갔는데 주위에서는 '중도금수수료까지 물면서 왜 갚아나가느냐'며 만류했다. 하지만 나는 심리적 부담감을 덜기 위해 일정액까지는 대출을 갚는 것이 좋다는 생각을 가지고 있었다.

그래서 실험적으로 처음 6개월 동안은 돈을 닥치는 대로 갚아나가고 나머지 6개월 동안은 돈을 가지고 있거나 투자를 하기로 했다. 그랬더니 차이가 확연하게 드러났다. '돈을 가지고 있으니 돈이 어디로 새는지 모르게 자꾸 없어진다'는 느낌을 확실히 받았던 것이다.

한번은 은행에 가서 돈이 생기는 대로 바로 갚는 것이 좋을지 혹은 돈을 가지고 있다가 나중에 갚는 것이 좋을지 상담을 받아봤다. 은행 담당 직원 역시 '딱히 수익이 많은 곳에 투자할 확신이 있지 않다면 계속 갚아나가는 것이 대출을 빨리 갚는 요령'이라고 말하면서 '대출한 고객들 중 일부는 기간이 허락하는 한 최대한 늦게 갚고, 그 돈으로 투자하려다가 돈을 더 잃거나 혹은 다 써버린다'고 조언해주었다.

금융관련 포털사이트나 자산관리 사이트 등에 들어가면 대출금과 대출방법에 따른 상환계획표를 작성해볼 수 있다. 거기서 자신의 대출상환계획표를 만들어 출력한 후 잘 보이는 곳에 붙여둔다. 그리고 매달 얼마를 갚아야 하는지 생각하고, 그에 따른 생활수칙을 적어놓고 실행하는 것이 좋다.

다음은 대출상환계획표를 자산관리 금융계산기로 작성한 표이다. 대출금액 8천만 원을 월 이자 6.27%로 3년 동안 갚아야 한다면 매달 얼마씩 갚아나가야 하는지 계산한 것이다.

구분	일시	원금균등 분할상환	원리금균등 분할상환	거치후 분할상환
총이자	15,048,000	7,967,942	7,733,000	0 원

회차	상환원리금	상환원금	월대출이자금액	대출잔액
1	2,443,554	2,025,554	418,000	77,974,446
2	2,443,554	2,036,138	407,416	75,938,308
3	2,443,554	2,046,776	396,778	73,891,532
4	2,443,554	2,057,471	386,083	71,834,061
5	2,443,554	2,068,221	375,333	69,765,840
6	2,443,554	2,079,027	364,527	67,686,813
7	2,443,554	2,089,890	353,664	65,596,923
8	2,443,554	2,100,810	342,744	63,496,113
9	2,443,554	2,111,787	331,767	61,384,326
10	2,443,554	2,122,821	320,733	59,261,505
11	2,443,554	2,133,913	309,641	57,127,592
12	2,443,554	2,145,062	298,492	54,982,530
13	2,443,554	2,156,270	287,284	52,826,260
14	2,443,554	2,167,537	276,017	50,658,723
15	2,443,554	2,178,862	264,692	48,479,861
16	2,443,554	2,190,247	253,307	46,289,614
17	2,443,554	2,201,691	241,863	44,087,923
18	2,443,554	2,213,195	230,359	41,874,728
19	2,443,554	2,224,759	218,795	39,649,969
20	2,443,554	2,236,383	207,171	37,413,586
21	2,443,554	2,248,068	195,486	35,165,518
22	2,443,554	2,259,814	183,740	32,905,704
23	2,443,554	2,271,622	171,932	30,634,082
24	2,443,554	2,283,491	160,063	28,350,591
25	2,443,554	2,295,422	148,132	26,055,169
26	2,443,554	2,307,416	136,138	23,747,753
27	2,443,554	2,319,472	124,082	21,428,281
28	2,443,554	2,331,591	111,963	19,096,690
29	2,443,554	2,343,774	99,780	16,752,916
30	2,443,554	2,356,020	87,534	14,396,896
31	2,443,554	2,368,330	75,224	12,028,566
32	2,443,554	2,380,705	62,849	9,647,861
33	2,443,554	2,393,144	50,410	7,254,717
34	2,443,554	2,405,648	37,906	4,849,069
35	2,443,554	2,418,218	25,336	2,430,851
36	2,443,552	2,430,851	12,701	0

● 대출상환계획을 짜는 것도 성향에 따라 하라

대출상환계획표를 만들기 위해서는 먼저 자신의 성향을 살펴보는 것이 중요하다. 나의 경우 대출금이 있다면 내가 생각하는 안정적인 수준까지 갚은 후에야 다른 곳에 투자할 수 있는 안정지향적인 성향이다.

그러나 나와는 반대로 공격적인 것을 좋아하는 사람들이 있다. 투자수익이 클 확률이 있다면 대출금은 나중에 갚고 투자수익을 내서 그 돈으로 대출금을 갚아나가려는 사람들이다.

실제로 내가 아는 분 중에도 이런 방법을 자주 쓰는 분이 있다. 하지만 이런 방법은 투자 초보자들에게는 좀 위험하다. 투자의 고수들도 모든 투자에 매번 성공하는 것은 아니며, 때로는 수익을 내지 못할 때도 있다. 그러니 확실하다 싶지 않으면 일단은 안정적으로 대출금을 갚아나가는 것이 좋다.

만약 당신이 공격적인 투자자의 성향이 강하다면 적극적인 투자로 이익을 내서 대출보다 더 나은 수익을 얻으면 된다. 하지만 이때 세후수익률이 최소한 대출이자율보다 5% 정도는 높아야 실익이 있다. 당신이 그렇게 할 수 있다면 그렇게 하라. 그러나 확실한 투자계획을 세워 대출금을 어떻게 상환할 것인지 구체적으로 생각해놓아야 한다. 만약을 대비하여 심각한 리스크는 피할 수 있는 장치도 마련해두어야 한다.

만약 대출을 더 받아 투자하는 것이 당신의 성향에 맞지 않고, 투자가 손실이 날지도 모르는 불안감이 있어서 아무 일도 손에 안

잡힌다면 추가 대출을 받아 투자하지 말고 일단 집을 대출이 없는 온전한 나만의 집으로 만드는 것이 훨씬 더 나은 방법이다.

또 대출을 갚을 때는 최소한의 예비비(3~4개월 동안의 생활비)는 제외하고 최우선으로 대출금을 상환하는 계획을 세워야 한다.

부자들을 다룬 대부분의 책들이 '대출을 늘리고 그것을 토대로 삼아 공격적으로 투자해 자산을 늘리라'고 조언하지만 안정적인 성향의 사람에겐 그러한 방법이 적합하지 않다. 그런 사람에게 태어날 자녀가 있어 맞벌이를 계속 못할 경우가 생기거나 혹은 아이가 초등학교에 들어가는 나이가 되었다면 저축보다는 대출상환을 선택하는 것이 더 권장할 만한 일일 수 있다.

혹자는 부자들도 빚을 내서 집 사고 투자한다고 하지만 그것은 사람마다 다르다. 성향 자체가 안정형을 추구하는 사람들은 빚을 내서 투자하는 것을 극도로 두려워한다. 세계적인 투자자 워렌 버핏도 자신의 투자의 세 가지 원칙으로 첫째도 둘째도 셋째도 '투자해서 돈을 잃지 않는 것'이라는 '안정성'을 꼽을 정도였으니 말이다.

내집마련을 할 때는 나의 성향을 살펴보고 어느 정도 빚을 얻되 나머지 투자는 보수적으로 하는 것이 현명하다. '빚을 제대로 활용'하는 것도 중요하지만 수입이 고정되어 있는 서민들에게 빚은 무서운 압박이 될 수도 있기 때문이다.

자금출처증명계획을 세워라

내가 집을 살 때 양가 어른들은 "나이가 어려 자금출처증명이 어렵다"며 크게 반대하셨다. 그런데 부모님들의 말씀과는 전혀 다르게 나와 신랑의 자금출처를 증명하는 것은 어렵지 않았다. 왜냐하면 신랑에게 근로소득자료가 있었고 우리는 대출만으로 집값의 52%가 되는 금액의 자금출처를 증명할 수 있었기 때문이었다.

그 당시 만약 3억 원 상당의 아파트를 취득했다면 기준시가는 아파트 가격의 70%인 2억 1천만 원이었다. 따라서 취득자는 2억 1천만 원의 80%인 1억 6천 800만 원의 돈만 소명하면 되었다. 즉, 해당 아파트의 기준시가를 확인해본 후 기준시가의 80%에 상당하는 금액을 은행에서 대출받아 아파트를 취득한 것으로 처리하면 되었다. 근로소득자료가 있다면 그 금액 전체를 인정해주기 때문에 월급명세서(금융거래증명서 등)를 가지고 세무서에 자금출처 증빙자료로 제출하면 되는 것이다.

나는 신랑과 내가 준비한 금액을 제외한 나머지 금액을 모두 대출을 통해 마련했기 때문에 특별히 자금출처증명을 할 필요가 없었다.

2006년 9월 말부터는 주택거래신고지역에서 주택을 취득할 때 취득자금 조달계획서를 제출하게끔 시행되었다. 주택취득자 금을 신고할 때 취득자금은 자기자금과 차입금의 두 가지로 나누어서 신고해야 한다.

자기자금은 예금, 주식, 채권, 현금, 부동산 매도금액 등을 적는 것이고 차입금은 금융기관 대출액과 사채 등을 적는 것이다. 기타 사항으로 실제 입주할 것인지 여부도 적는다.

취득자금 조달계획서를 작성해도 계획서대로 자금을 조달했는지 모든 사람들을 일일이 조사하는 것은 불가능하기 때문에 자금 출처조사계획서만 제대로 쓴다면 크게 걱정할 필요는 없다.

자금출처조사는 어떤 사람이 재산을 취득하거나 부채를 상환했을 때 그 사람의 직업, 나이, 그동안의 소득세 납부 실적, 재산 상태 등으로 보아 스스로의 힘으로 재산을 취득하거나 부채를 상환하였다고 보기 어려운 경우 세무서에서 소요자금의 출처를 제시하도록 하는 것인데, 만약 그에 합당한 출처를 제시하지 못하면 다른 사람으로부터 증여를 받은 것으로 보아 증여세를 추징하게 된다.

다음과 같은 경우 내집마련 자금출처를 밝혀야 한다.

첫째, 재산취득자가 30세 미만이고, 부채금액이 3천만 원 이상으로서 수증인 또는 재산취득자 연간 소득의 두 배를 초과하는 경우이다.

둘째, 부채로 인정한 금액이 5천만 원을 초과하는 경우이다.

자금출처조사는 모든 경우마다 다 하는 것은 아니며, 10년 이내의 재산취득가액 또는 채무상환금액의 합계액이 기준 금액 미만인 경우에는 자금출처조사를 하지 않는다. 다만, 기준금액 이내라 하더라도 객관적으로 증여 사실이 확인되면 증여세가 과세된다.

현재 법에서는 집값이 10억 원 미만인 경우 취득자금 중 80%만 소명하면 된다. 예전엔 기준시가의 80%만 입증하면 되었지만 현재는 실거래가의 80%를 입증해야 한다. 10억 원 이상인 경우 80% 입증 후 그 나머지 금액이 2억 원을 넘을 경우에만 자금출처를 소명하도록 규정하고 있다.

자금출처로 인정되는 대표적인 항목과 증빙서류는 다음과 같다.

구분	취득 재산		채무 상환	총액 한도
	주택	기타 재산		
1. 세대주인 경우				
가. 30대 이상인 자	4억 원	5천만 원	5천만 원	2억 5천만 원
나. 40세 이상인 자	4억 원	1억 원		5억 원
2. 세대주가 아닌 경우				
가. 30대 이상인 자	1억 원	5천만 원	5천만 원	1억 5천만 원
나. 40세 이상인 자	2억 원	1억 원		3억 원
3. 30세 미만인 자	5천만 원	3천만 원	3천만 원	8천만 원

자금출처 인정 기준과 금액

구분	자금출처로 인정되는 금액	증빙서류
근로소득	총급여액-원천징수세액	원천징수영수증
퇴직소득	총지급액-원천징수세액	원천징수영수증
사업소득	소득금액-소득세액상당액	소득세신고서 사본
이자 · 배당 · 기타소득	총급여액-원천징수세액	원천징수영수증
차입금	차입금액	부채증명서
임대보증금	보증금 또는 전세금	임대차계약서
보유재산 처분액	처분가액-양도소득세 등	매매계약서

자금출처증명 인정 서류

국세청 홈페이지 www.nts.go.kr를 참조

자금출처조사를 할 때 개인 간 금전거래의 경우 영수증, 사적인 차용증, 계약서 등만 가지고는 거래 사실을 인정받기 어려우므로 이를 뒷받침할 수 있는 연봉, 사업소득, 증여액, 담보액, 예금통장 사본, 무통장입금증 등 금융거래 자료를 준비하는 것이 좋다.

앞의 자금출처 기준과 상속받은 금액(부모자식 간에는 3천만 원까지 증여세가 없고 친척 간에는 5백만 원까지 증여세가 없다)을 공제하고 소명한 부채는 자금출처조사 시 세무서에서 인정해 주었다고 하여 다 끝난 것이 아니다.

연소자, 부녀자 등 직업이나 연령에 비춰볼 때 스스로 부동산을 취득할 능력이 없다고 판단되는 사람은 세무당국으로부터 취득자금에 대한 출처조사를 받게 되어 있다. 만약 이 조사에서 증여 사실이 밝혀지면 증여세를 내고 무거운 가산세까지 물어야 한다.

자금출처조사에 대해 좀 더 구체적으로 알아보자.

국세청은 재산을 취득한 사람의 최근 3년간 소득 상황과 자산 양도, 취득명세서를 함께 전산출력해 비교분석한다. 또 최근 3년간 부동산을 3회 이상 취득한 사람 중 취득 금액의 합계가 본인 소득금액의 70%를 넘는 사람도 세무당국의 감시 대상이 된다.

세무서에서는 상속세 · 증여세(부담부증여-대출을 안고 증여)를 결정하거나 재산취득자금의 출처를 확인하는 과정에서 인정한 부채를 국세청 컴퓨터에 입력하여 관리한다.

이때 국세청에서는 매년 정기적으로 전산출력 자료 등을 종합적으로 분석해 증여 혐의가 있거나 부동산 투기 혐의가 있는 사람에 대한 사후관리대상자를 선정하여 금융기관 등 채권자에게 채무변제 여부를 조회하며, 조회결과 부채를 변제한 사실이 확인되면 '부채변제자금원에 대한 소명자료제출 안내문'을 발송한다.

이 안내문을 받은 사람은 15일 이내에 상환자금의 출처를 소명회신해야 한다.

자금출처를 소명회신하지 못하거나 타인이 변제한 사실이 확인되면 증여 혐의가 짙은 사람과 마찬가지로 직접조사 대상자로 선정되어 증여세가 과세된다.

그리고 증여 사실이 확인된 경우에는 증여금액에 대해 최저 10%에서 최고 45%의 증여세가 부과된다. 또 증여 사실을 자진해서 신고·납부하지 않으면 세액의 30%까지 가산세를 물어야 한다.

그러므로 소득이 없거나 부채금액이 3천만 원(30세 이상인 경우에는 5천만 원) 이상인 자가 부채를 상환한 경우에는 자금출처조사에 대비하여 미리미리 입증서류를 챙겨두는 것이 좋다. 부채상환자금의 출처를 소명할 경우가 혹 생길지도 모르기 때문이다.

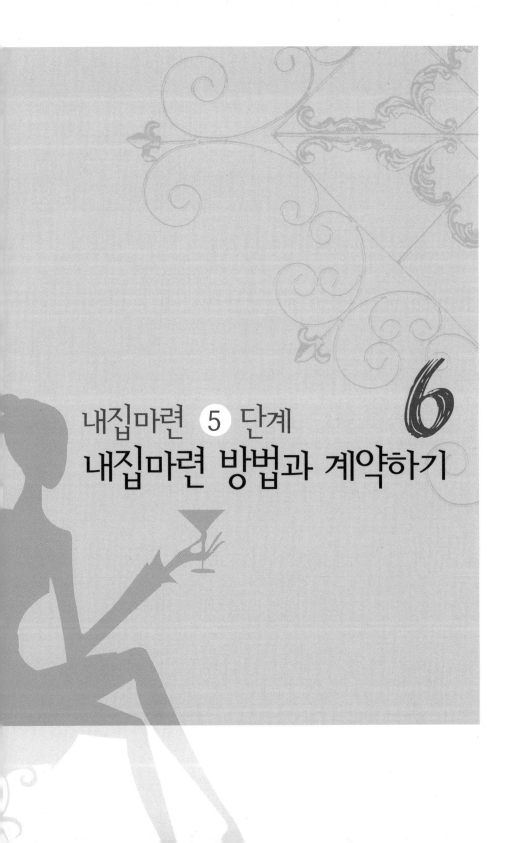

내집마련 5 단계
내집마련 방법과 계약하기

6

마무리까지 완벽해야 뒤탈이 없다

일생일대의 가장 큰 쇼핑인 내집마련을 잘 하려면 정보를 수집하고 고르는 것도 중요하지만 선택 후 계약, 그리고 그 후의 과정도 중요하다.

사실상 아무리 좋은 집을 골라놨어도 계약을 잘못하면 생각지도 않은 비용을 쓸 수도 있고, 계약을 파기당할 수도 있으며 심지어 사기를 당할 수도 있다. 또한 계약을 제대로 한 후에라도 법적인 절차를 제때, 제대로 거치지 않으면 불이익을 당할 수 있다.

이번 장에서는 집을 계약할 때 주의해야 할 사항과 계약 후 각종 세금 납부 및 등기 절차에 관한 사항을 알아보자.

살 집은 직접 밟아보는 것이 가장 정확하다

'사람은 땅을 밟아본 만큼 큰다'는 말이 있다. 정말 그렇다. 세계를 휩쓸고 다닌 사람들 모두가 낯선 땅을 직접 밟아봤고 눈으로 봤으며 손으로 만져보고…… 그 모든 경험을 거치고 난 후에야 비로소 사물을 보는 시야가 넓어지고 마음이 깊어졌다.

땅을 많이 밟아보는 것은 이처럼 인간적으로 성장하는 것 외에 또 다른 의미가 있다. 다양한 환경의 땅을 보면 어떤 곳이 인간이 살기에 가장 좋은지 구별할 줄 아는 안목이 생기고, 주위 환경과 다른 여러 지역의 변화발전 흐름에 따라 어디에 무엇이 생길지 예측할 수 있는 능력이 생기는 것이다.

부동산에 투자하는 사람들이 자주 땅을 보러 다니는 것도 바로 이러한 이유에서다. 좋은 땅, 좋은 입지를 볼 줄 안다는 것은 그만큼 그 사람이 많은 땅을 밟아봤다는 것을 의미한다.

평범한 사람들에게 내집마련은 인생에서 아주 큰 목표 중 하나다. 성인이 되어 스스로 경제활동을 하여 벌어들인 수익으로 이 세상에 나와 내가 사랑하는 사람들을 위한 보금자리를 마련하는 일이기 때문이다.

그런데 이렇게 중요한 의미를 가지는 내집마련을 하면서, 몇 군데 가보지도 않고 쉽게 집을 계약하는 사람들이 의외로 많다. 실제로 나의 지인들 중 몇몇은 자기가 살아야 할 집을 고르면서 안은 들여다보지도 않고 바깥에서 건물만 보고 덜렁 계약을 한 경우도 있다. 이유를 물어보면 사람들이 좋다고 추천했기 때문이라고 말한다. 운 좋게도 그렇게 계약한 집이 정말로 내재가치와 미래가치가 높은 집이라면 좋은 일이다. 하지만 그런 식으로 이익을 본 당사자는 다음번에 집을 옮겨야 할 때 다시 남의 의견에 의지해야만 한다. 자신이 살 집을 스스로 선택할 수 있는 안목이 없기 때문이다.

자신이 생각하는 여러 가지 조건들을 미리 생각해두고 있다가 그에 적합한 여러 집을 물색하고 후보로 선택한 몇몇 집은 모두 직접 가서 들여다보고 주위 환경도 보면서 최종 선택을 내려야 한다.

집안에 앉아서 인터넷으로 정보를 찾으면 다 나오는데, 뭐 하러 시간 낭비하며 귀찮게 다 가보냐는 사람도 있다. 하지만 인터넷은 시세를 알려줄 뿐 집에 관한 그 외의 구체적인 정보는 100% 믿을 만한 정보는 아니다.

어떤 사람들은 인터넷에 부동산 매물을 올릴 때 집에 대한 구체적인 정보는 물론 다양한 각도에서 본 집 사진, 그리고 주위 편의시설까지 매우 상세하게 올린다. 물론 이런 것도 좋은 정보가 될 수 있다. 그러나 이것 역시 실물로 볼 때와는 분명 차이가 있다.

인터넷의 정보는 어느 지역에 어떤 매물이 있다는 것과 선택한 지역에 직접 가보기 전에 사전 정보를 조사하는 수준에서 활용해야지, 그것에 전적으로 의지해서 계약까지 하게 되면 나중에 후회하는 일이 생길 수 있다.

고등학교 동창인 상아는 만날 때마다 나에게 '내집마련할 곳'을 추천해달라고 했다. 그때마다 상아에게 내가 가본 곳 중에 확실히 괜찮았던 곳, 혹은 앞으로 발전 가능성이 있을 만한 지역을 상세히 알려줬다. 상아의 집에 대한 생각과 자금 사정 등을 고려하면서 말이다.

예를 들어 목동이라면 몇 단지가 좋을지, 사정이 여의치 않다면 어디의 개발 지역을 사야 할지 얘기해주었다. 하지만 정작 추천해달라던 상아의 반응은 시큰둥했다.

그 외에 다른 지역을 추천해달라고 하여 또 괜찮은 지역 몇 군데를 돌아다녀보고 추천해주었다. 당시 부동산이 오를 조짐이 보여 적극적으로 추천해주었는데, 마찬가지로 "별로"라고 하며 나중에 사겠다는 반응을 보였다. 그런데 3년이 지난 이제야 뒤늦게 후회를 한다.

"그때 사라고 한 곳 전세금 빼고 대출 받아서 샀어야 했는데!"

그러면서 그런 정보 있으면 또 달라고 말한다. 하지만 내가 아무리 추천을 해줘도 집을 사야 할 당사자가 그곳에 직접 가보지 않으면 절대로 집을 살 수 없다. 실물을 보지 않으면 사야겠다는 욕심, 의지, 확신이 서지 않기 때문이다.

좋은 집을 사기 위해 이 곳 지 곳 가보는 건 실제로 쉬운 일이 아니다. 이 바쁜 생활 속에서 언제 왔다 갔다 할 수 있겠는가? 하지만 그래도 가봐야 한다. 나 역시 일하면서 결혼준비도 해야 했고 대학원도 다녀야 했지만 틈틈이 시간을 내서 집을 보러 다녔다.

나는 내집마련을 하기로 결정한 후에 사려고 하는 집 근처에 갈 때마다 매번 다른 길로 걸어보고 택시와 버스를 타보면서 동네를 파악했다. 평소 장을 보러 마트에 갈 때 혹은 그 외에 여러 가지 일들로 외출을 할 때마다 나는 항상 부동산의 시세표를 들여다보고 들어가서 매물 가격을 물어보곤 했다.

부동산에 들어가는 것에 대해 부담을 갖거나 부끄러워할 필요는 없다. 옷가게에 한번 들러 요즘 어떤 옷이 나왔나 한번 슬쩍 훑어보듯 부동산 역시 그렇게 한번 들러보면 된다.

정말 시간이 없다면 이렇게 한번 해보자. 쇼핑하러 갈 때 근처 부동산에 한번 들어가보는 것이다. 시세와 유망지역 아파트의 대표 평형이 어떤 것인지도 물어봐라. 대부분 지역의 부동산 중개업자들은 자신의 지역을 추천하는 경우가 많기 때문에 소득이 별로 없을 수도 있지만, 개중에 좋은 정보가 있을 수도 있다.

경조사가 있을 때, 혹은 다른 여러 가지 이유로 평소에 잘 가지 않는 동네에 갈 기회가 생긴다면 미리 인터넷에서 그 지역의 특성을 찾아본 후 부동산에 들러서 이것저것 궁금한 것을 물어보라. 재개발이나 단독주택, 아파트 등 매물이 얼마나 나와 있는지 물어보고 시세가 어느 정도인지도 물어보는 것이다. 그러면 부동산 앞 유리시세(부동산 유리문 앞에 붙어 있는 시세 정보. 업데이트를 바로바로 하지 못해 대부분 몇 개월 전 시세가 붙어 있다)와는 다른 확실한 시세 정보를 들을 수 있다.

정 아는 것이 없다면 내가 살고 있는 집의 전세가라도 물어봐라. 최소한 요즘 전세가가 어떻게 되고 있는지는 파악할 수 있다.

혼자 가기 두렵다고? 물어보기 쑥스럽고 용기가 안 난다면 처음에는 친구를 데리고 들어가보는 것이다. 연인과 데이트하러 갈 때도 비싼 돈 내고 커피숍 가느니 부동산에 들어가 세상 사는 이야기하면서 차 한 잔 마시는 것도 좋은 방법이다.

집 계약 시 주의 사항

● **부동산을 구입할 때는 반드시 명의자와 계약해야 한다**

집을 사며 첫 계약금(통상 매매가의 10%)을 지급할 때는 주민등록
증의 얼굴을 확인하고 등기권리증과 인감증명서까지 확인해야
한다. 내가 아는 한 부동산 사장님은 본인인지 확인하기 위해 계
약하러 나오기 15분 전쯤 재산세 영수증 혹은 공과금 영수증을
가지고 오라고 하기도 하는데 이것도 좋은 방법이다.

예전에 부동산에 등기부등본의 분실에 관해 물어본 적이 있다.

"만약 집주인이 매물을 내놓지 않았는데 다른 사람이 등기권
리증과 주민증과 인감을 훔쳐서 집을 파는 계약을 하면 어떻게
하죠?"

부동산에서의 대답은 아주 간단했다.

"확인을 해도 속는 수가 있다면 그건 자기 운이지."

그러므로 집 계약처럼 큰 거래를 할 때는 본인인지 확인 여부

를 위해 등기권리증, 인감증명서, 공과금 등의 영수증을 반드시 지참한 상태에서 계약하는 것이 좋다. 왜냐하면 아무리 중개업자가 성실해도 본인인지 아닌지 여부는 모를 수 있기 때문이다. 반드시 등기권리증과 인감을 확인하고 그 사람에게 재산세나 공과금등의 영수증을 계약 15분 전 정도에 들고 나오라고 하는 것이 본인 여부를 확인할 수 있는 우선적인 방법이다.

내가 집을 계약하러 나갔을 때는 명의자의 부인이 와서 계약을 했다. 나는 그 부인에게 위임장을 가져오라고 했는데 내일이나 가능하다고 했다. 마음이 편친 않았지만 다른 사람들이 와서 계약을 할지도 모르는 상황이었던 터라 일단은 부인이 가져온 남편의 주민등록증을 보고 계약했다.

이런 경우는 선금계약이기 때문에 그것을 이용해서 배우자가 대리인을 보내놓고 무효화시키는 경우가 많아 조심해야 한다. 원래는 법적으로 당사자와 계약이 이뤄져야 계약이 성립되기 때문에 대리인에게는 반드시 위임장(6개월 이내에 발급한 인감증명서 필요)을 가져오게 해야 한다.

● **등기부는 첫 계약금, 중도금, 잔금 시에 계속 떼어 확인해보라**

집을 사는 데 있어서 등기는 가장 중요한 절차이다.

등기부등본 열람이나 발급을 인터넷으로 할 수 있는 편리한 시대가 되었기 때문에 계약하기 15분 정도 전에 반드시 등기부등본을 열람하거나 발급해봐야 한다.

첫 계약금을 지급할 때, 그리고 중도금, 잔금을 지급할 때마다 그 직전에 등기부등본을 매번 열람해야 한다. 등기부에 기재되어 있는 이름과 주민등록번호가 지금 집을 팔기 위해 거래하는 사람과 일치하는지 확인해야 한다. 그런 일이 있어서는 안 되겠지만 계약금을 지급하고 잔금을 지급하는 사이에 소유자가 바뀌거나 권리관계에 있어 다른 변동 사항이 추가될 수 있기 때문이다.

가능한 한 본인이 직접 등기부를 열람하고 본인이 직접 열람하지 않은 경우에는 등기부 열람일이 언제인지 확인한다.

● 대법원 인터넷 등기소 http://registry.scourt.go.kr

등기부등본은 그 주택의 기본적인 정보뿐만 아니라 지금까지 어떤 사람을 거쳐왔는지를 나타내고 있는 일종의 '이력서'이다. 등기부등본은 토지, 건물, 집합건물에 대한 등기부등본으로 세 가지가 있다. 일반 단독주택의 경우 대지와 건물에 대한 등기부가 따로 있으며 거래할 때는 보통 대지와 건물을 함께 거래한다. 그러므로 각각의 등기부를 모두 확인해야 한다.

아파트의 경우 다수의 가구가 한 건물에 모여 있는 집합건물이므로 집합건물에 대한 등기부를 확인한다.

등기부등본을 볼 때는 필수적으로 법적인 부분을 살펴야 한다. 주택이 공법이나 사법상의 제한 사항에 묶여 있지 않은지 확인해야 하는 것이다.

- **공법상의 제한 사항** 건축법위반건물, 무허가 건축물, 건축대장면적과 건물 등기부등본 면적이 불일치한 건물

- **사법상의 제한 사항** 등기부등본의 표제부, 갑구, 을구란에 가등기, (근)저당권, (가)압류, 전세권, 지상권, 임차권, 경매 등의 제한

집을 계약할 때 은행이 아닌 개인으로부터 근저당이 되어 있거나 가압류가 되어 있다면 계약을 하지 않는 게 좋다.

집값 상승기 때 계약을 할 경우 잔금 날짜가 긴 경우는 계약이 성사되었음을 법원에 등기하기 전에 가등기로 미리 등록해놓는 것이 좋다. 이것을 '매매계약 가등기'라고 하는데, 매매계약이 성립된 후 잔금 지급까지 기간이 다소 길게 남아 있거나, 혹시 모를 분쟁사태를 방지하기 위해 매수인이 법원의 판결을 구해 가등기 권설정을 하는 행위를 말한다.

● 모든 계약조건이 기록되어 있는지 확인한다

집을 계약할 때는 눈을 아주 크게 부릅뜨고 봐야 한다. 정확한 집주소, 대금지급방법(계약금을 얼마 지불했는지, 중도금, 잔금 지급일과 금액), 계약 날짜, 소유권이전 날짜, 해약 시 조건(해약할 경우 위약금을 두 배로 물도록 정해놓는다) 등이 빠짐없이 기록되어 있는지 확인해야 한다.

보통 사람들은 모든 절차를 부동산 중개업자에게 맡기고 '알아서 잘 해주겠지'라고 생각하면서 계약서에 무조건 도장부터 찍고 보는데 이건 매우 위험한 행동이다.

기본적으로는 계약에 관한 모든 사항을 미리 알고 어떤 부분을 중점적으로 봐야 하는지 꼼꼼히 체크해야 한다. 혹시 미처 그렇게 준비하지 못했고 계약이라는 것을 처음 해보는 입장이라 하더라도 계약을 진행하는 과정에서는 어떤 내용이 오고가는지 꼼꼼하게 지켜보도록 해야 한다. 그래야 상대 입장에서도 '이 사람은 꼼꼼하고 정확한 사람'이라는 생각을 가지고 더 신경을 쓰게 된다.

사람을 믿지 못하는 건 그다지 바람직하지 않지만, 워낙 큰돈이 오고가는 일이라 만약의 경우를 생각하지 않을 수 없다. 실제로 계약 과정에서 내가 받아야 할 권리 등을 정확히 명시해두지 않으면, 계약 당시에 받기로 한 조건들을 못 받는 경우가 종종 생긴다.

집을 계약할 때는 집에 딸린 시설에 대해서도 함께 언급해야 한다. 수도세, 관리비, 도시가스요금 등의 공과금이 깨끗하게 처리되었는지, 만약 그렇지 않다면 어떻게 처리할 것인지 정확히 명시하거나 그 자리에서 해결을 봐야 한다.

그리고 조명, 붙박이장, 싱크대 등이 집에 포함되는지 유무도 확인해야 한다. 원래 살던 사람이 이사 나갈 때 붙박이장이며 싱크대, 심지어 샤워기와 변기 뚜껑까지 모두 떼어 갔다는 황당한 경우도 종종 인터넷 게시판에 올라오곤 한다.

집에 하자보수를 많이 해야 하는 경우라면 계약할 때 그 부분을 어떻게 처리할 것인지 합의하고 명시해두어야 한다. 그 자리에서 비용을 함께 받거나 아니면 집값을 깎는 방법도 괜찮다. 그 외에 구두로 언급한 내용은 반드시 글로 적어 문서에 기록으로 남겨두어야 한다.

나의 경우도 계약하자마자 원래 살던 사람이 이사하고 관리비를 연체했는데, 관리비 원금만 줘서 연체료는 우리가 물어야 했던 기억이 있다.

이처럼 계약을 할 때는 꼼꼼하고 까다롭게 해야 하는데, 예외인 경우도 있다. 집값이 상승하려는 조짐이 보이는 시기에는 이런 계약조건보다 일단 매매계약을 성사시키는 것이 더 중요하다. 그런 시기에는 하자 보수비용이나 공과금 등 자잘한 돈에 치중하는 것보다 집값 상승기 초반에 최대한 빨리 사버리는 게 더 큰 이익이 되기 때문이다.

일례로 2006년 2월, 지인 중 한 사람이 38평짜리 목동아파트 매수를 원했다. 사려는 집은 17년 전부터 한 번도 도배장판 등의 보수를 안 한 집이었다. 하자 수리비용 200만 원만 깎아달라고 했는데 주인이 일언지하에 거절을 해버렸다. 결국 서로 마음이 상해 매매를 성사시키지 못했고 그 지인은 현재 4억 넘게 손해를 본 셈이 됐다.

매매 시 계약금은 매매가의 10%를 주는데, 만약 상대방 측에서 계약을 파기하는 경우 두 배의 위약금을 물게 되어 있다. 물론 계약서상에 그런 내용이 명기되어 있어야 한다. 작년 초 부동산이 급등하면서 많은 사람들이 부동산 계약을 해약했다고 한다. 그러나 해약했을 때의 조건을 따로 내걸지 않아 집을 계약해놓고도 많은 사람들이 손해를 봤다. 계약금만 돌려받은 것이다.

부동산 상승기 때는 첫 계약금과 중도금을 한꺼번에 내고 위약금 조건을 걸어야 한다. 그래야 쉽게 계약을 해지할 수 없기 때문이다.

● 전세 낀 집을 살 때는 세입자와 확실한 언급을 해야 한다

집을 산 지 얼마 지나지 않아 부동산에 들렀을 때였다. 마침 그날 계약이 있다고 하며 부동산 중개업자는 매수자와 얘기를 나누고 있었다. 매수자는 전세 만기가 된 집을 살 모양이었다.

부동산 중개업자와 매수자는 매도자와 세입자를 기다리고 있었다. 그러면서 '세입자가 이사 갈 집을 못 구해 못 나간다고 해서 골치'인 경우가 많기 때문에 아예 같이 나오게 해서 다른 전세를 구할 수 있게끔 하고, 매매잔금 중에 전세금을 아예 빼주고 영수증을 받도록 한다는 것이었다.

왜냐하면 주인이 매매 잔금일을 정했는데 세입자가 집을 못 구해 '갈 데가 없다'며 날짜를 계속 미루는 일들이 종종 있기 때문이다. 그래서 힘들더라도 참석하게 해서 전세금을 돌려주고 영수증을 줘서 확실히 집을 비울 수 있도록 준비한다는 것이다.

만약 전세 만기가 안 되었을 때는 세입자를 나가게 하고 자신이 집에 들어가 살 것인지, 아니면 세입자의 만기에 맞춰서 집으로 들어갈 것인지에 따라 대처 방법이 달라진다. 전세 만기가 안 되었는데 세입자에게 집을 빼달라고 할 거라면 일단 잔금을 치루면서 매도자와 함께 세입자와 확실한 이사 날짜를 잡고 약속을 이행하도록 못박아두어야 한다.

● 이중계약서는 절대 쓰지 마라

요즘은 예전과는 달리 실거래가에 의한 계약서를 쓴다. 예전에는 과세표준시가(일명 '기준시가'라고도 함)를 기준으로 하여 거래가를 썼는데 지금은 판 가격을 정확히 쓰도록 하고 거래세(등록세+취득세)를 줄이는 방법을 쓴다.

그런데 만약 예전처럼 이중계약서(일명 다운계약서-계약한 금액을 낮추어서 신고하기 위한 것)를 쓰면 문제가 된다. 등기부등본에 다운

된 금액으로 신고가 되기 때문이다.

　매도자가 다운계약서에 "5천만 원 정도 깎아서 써주면 집값을 2천만 원 깎아주겠다"고 해도 절대 '노No!'를 외쳐야 한다. 등기부 사실이 세무서나 지방자치단체에 의해 허위로 밝혀지면 매도자와 매수자 모두 취득세의 세 배(주택거래신고지역 내 공동주택의 경우 다섯 배) 이하의 과태료가 부과된다. 속인 금액이 부동산의 10% 이내이면 한 배, 20% 이내이면 두 배, 20% 이상이면 세 배가 부과되고 축소 신고한 취득세, 등록세, 가산세를 내고 양도(집을 팔 경우) 시에 집값이 오른 만큼의 양도차익을 낼 경우가 생길 수도 있다.

전세 계약 시 유의 사항

월세와 전세는 내집마련을 하기 전에 누구나 거칠 수 있는 단계이다. 월세는 대체로 보증금이 낮고 만약의 경우 우선적으로 보호받을 수 있지만 전세 계약은 금액이 크기 때문에 아무래도 월세계약보다는 부담스럽다.

"처음으로 전세 계약을 해야 하는데 전세금을 못 받는 경우도 있다면서요. 어떻게 하면 좋을까요?"

처음으로 전세 계약을 하게 된 사람이 물어본 말이다. 전세를 얻으려면 고민할 게 한두 가지가 아닐 것이다. 저렴하면서도 좋은 집을 구하고 싶을 것이며, 계약완료 후 문제없이 전세금도 잘 받기를 원할 것이다. 부모님 돈, 대출, 적금 등 쌈짓돈을 모아 마련한 전세금으로 어떻게 하면 전세 계약을 잘 할 수 있는지 전세 계약 시 유의점을 알아보자.

1. 부동산 중개업소는 공제회에 가입한 곳인가?
먼저 마음에 드는 전셋집을 찾았다면 우선적으로 사업자등록증이 있는 정상적인 부동산중개업자를 통해 계약하는 게 좋다. 특히 문제가 생겼을 때 고객에게 피해를 보상해주는 공제회에 부동산중개업소가 가입했는지 확인해놓고, 중개업자의 인적사항도 함께 확인해놓는 것이 좋다.

2. 등기부등본에서 확인해야 할 것들
일단 하자가 없는 물건인지 권리분석-등기부등본에 가압류, 근저당권, 저당권 등이 있는지-을 하고 소유권 주장에 문제가 없는지 확인해야 한다. 차후 경매로 넘어갈 수 있는 상황이 발생할 수 있기 때문이다. 등기부등본은 공인중개사에게 확인해달라고 할 수 있으며, 직접 대법원 사이트에 들어가서 발급받을 수 있다. 등기부등본 확인은 계약 직전, 중도금과 잔금을 지급할 때, 전입신고 직전에 한 번씩 챙겨봐야 한다.

등기부의 표제부에서는 계약자와 등기상 소유자의 이름과 주소가 정확한지, 가압류, 압류, 경매, 예고등기, 가등기 등이 있는지, 을구에서는 지상권, 지역권, 전세권, 저당권, 권리질권 및 임차권이 설정되어 있는지 확인해야 한다.

그리고 부득이하게 저당권이나 전세권이 있는 집을 임차해야 할 경우에는 등기부에 나타난 근저당채권액과 전세금, 그리고 자신을 포함한 임차보증금의 총 합계액이 아파트의 경우 70%, 다가구, 빌라, 연립, 오피스텔, 단독주택은 60% 이하 정도면 경매되더라도 대개는 보증금을 받을 수 있다. 그러므로 그 선을 넘는다면 피하는 것이 좋다.

3. 계약서 작성 시 유의사항

계약서 작성을 할 때에는 신중하면서 철저하게 해야 한다. 왜냐하면 계약서는 보증금을 지켜주는 중요한 문서이기 때문이다.

계약서를 작성할 때에는 직접 하는 것보다는 공인중개사를 통해 계약자와 하는 것이 좋다. 우선은 계약서를 작성하기 전 본인 여부를 확인하기 위해 주민등록번호를 확인해야 한다. 이 때 상대방의 연락처와 등본 등을 함께 확인하면 더 안전하다.

만일 집주인에게 피치 못할 사정이 있어 대리인과 계약을 체결해야 할 때에는 집주인 인감증명서가 첨부된 위임장을 받고 나서 대리인과 계약을 해야 한다.

다음으로 정확한 번지 및 동, 호수를 기입해야 한다. 만일 주소를 다르게 기입했을 경우 전입신고, 확정일자를 점유하고 있더라도 대항력 및 우선변제권을 잃을 수 있는 위험이 있다.

그리고 집주인과 합의된 도배, 바닥 장판 문제 및 각종 공과금 비용, 관리비 문제, 수리비, 열쇠 교체, 나중에 다른 곳으로 이사할 때 어떻게 할 것인지 등의 특약을 세웠다면 꼭 계약서에 기입을 하는 것이 좋다. 나중에 집주인 마음이 바뀌어 해주지 않을 경우도 있으므로 처음부터 확실하게 해야 분쟁을 미리 없앨 수 있다.

4. 전입신고와 확정일자 받기는 기본으로 해야 한다

전세 계약을 했다면 보증금을 보장받기 위해서 동사무소에 가서 전입신고와 함께 확정일자 날인을 받아야 한다. 주택임대차보호를 받기 위해서는 두 가지 요건을 모두 충족해야 우선변제권을 행사할 수 있기 때문이다.

확정일자는 임대차계약을 체결한 그 날짜에 그 문서가 존재하고 있다는 사실을 증명하기 위하여 임대계약서의 여백에 기부번호를 부여하고 확정일자 날인을 찍어주는 것을 말한다. 즉 그 증서에 대하여 작성한 일자에 법률상으로 완전히 인정되는 것을 말한다.

5. 주민등록 전입신고하기

확정일자를 받은 후에는 주민등록을 옮겨놔야 한다. 확정일자를 먼저 받고 주민등록 전입신고를 나중에 한 경우에는 주민등록의 전입일 다음날부터 확정일자에 의한 우선변제권이 주어진다.

주민등록 전입신고를 먼저하고 확정일자를 나중에 받은 경우에는 그 대항력의 발생 시기는 주민등록 전입일 익일부터 발생하나 우선변제권은 확정일자를 받은 날로부터 그 효력이 발생한다는 사실도 주지해야 한다.

6. 집주인이 전세금 반환을 미룰 경우 임차권등기명령제도를 활용하라

전세 계약이 끝난 후 보증금을 받고 다른 곳으로 이사를 가야 하는데, 집이 나가지 않는다고 주인이 전세금 반환을 차일피일 미루는 경우가 있다. 어떤 주인은 계약이 완료되었는데도 세입자를 구할 때까지 있어야 한다고 떼를 쓰기도 하는데 이러한 경우 임차권등기명령제도를 이용하면 된다.

임차권등기명령이란 임대차 종료 후 보증금을 반환받지 못한 임차인에게 단독으로 임차권등기를 경료(종료)할 수 있도록 함으로써 자유롭게 주거를 이전할 수 있는 기회를 보장하는 제도이다.

임차권등기를 하려면 확정일자가 날인된 임대차계약서와 주민등록등본, 거주사실확인서 등을 준비해야 한다.

임차주택에 임차권등기가 완료된 후부터는 주택의 점유와 주민등록의 요건을 갖추지 않더라도 임차인은 안심하고 자유롭게 주민등록을 이전할 수 있다. 따라서 임차인이 이미 취득하고 있던 대항력과 우선변제권이 그대로 인정된다.

주의할 점은 임차권등기를 마친 시점부터 효력이 발생하므로 임차권등기명령을 신청한 후 바로 다른 곳으로 이사를 가거나 주민등록 전출을 해서는 안 되고 그 이전에 반드시 등기가 경료된 사실을 확인하여 한다.

7. 전세를 옮길 때는 반드시 한 달 전에 통보하라

살고 있던 전세를 내놓고 새로운 전세를 얻을 때 전세 계약 만료 한 달 전에 집주인에게 전세 계약을 연장하지 않겠다고 의사를 반드시 통보해야 한다. 만일 그렇지 않으면 집주인이 말하기 전까지 묵시의 갱신이 적용되므로 계약을 연장한다는 것으로 보기 때문이다.

지금은 취업도 힘들고 물가 상승으로 인해 돈 모으기도 만만치 않다. 나중에 집을 사자니 뛰는 집값에 어쩔 줄을 모르겠고 집을 안 사고 평생 살자니 그건 또 싫고.

만약 월세를 살고 있는 사람이라면 월세를 탈피하고 하루라도 빨리 전세로 바꾸는게 좋다. 월세의 경우 계약기간이 만료되지 않으면 복비를 물어야 하는데 그게 아까워서, 그리고 귀찮아서 그냥 눌러사는 경우가 있다. 그러나 그 복비 물어주고 전세를 얻는 게 더 유리할 수 있다는 것을 기억하자.

전세를 탈피하기 위해서는 일단 전세금을 늘리면서 때를 기다리는 방법과 전세금을 안고 집을 사는 방법, 그리고 전세금에 대출을 더해 집을 사는 방법이 있다.

사실 전세를 안고 집을 사는 것은 대출이자가 안 나가는 최고의 내집마련 전략이다. 만약 서울이나 수도권, 혹은 도시 중심부인데 전세가가 매매가의 50% 이상일 때는 집값이 오를 징조이니 무조건 집을 사야 한다. 단, '자신에게 맞는 맞춤 전략'으로 내집마련 전단계인 전·월세를 벗어나는 것이 좋다.

집 계약 후 유의 사항

● 최초 계약 후 60일 이내에 관할 시·군·구청에 신고해야 한다

현행 법안은 부동산거래계약신고제를 도입, 매매계약 체결 후 30일 이내에 매수자와 매도자 양쪽 모두 신고하도록 하였다. 2007년 하반기부터는 이 기간이 다소 짧다는 지적 하에 매매계약 최초 체결일로부터 60일 내에 관할 구청에 부동산거래계약신고를 반드시 해야 하는 것으로 규정이 바뀌었다. 부동산을 끼고 거래를 하는 경우 대부분 부동산에서 신고한다.

만약 60일이 초과하면 취득세의 세 배에 해당하는 과태료가 부과된다. 그러므로 잔금일 기준이 아니라 최초 계약금을 건 날을 기준으로 반드시 구청에 신고해야 한다. 요즘은 중개업소에서 인터넷으로 바로 부동산 거래 계약을 신고할 수 있기 때문에 반드시 직접 가야 할 필요는 없다.

주택거래신고대상은 서울과 수도권 등 전용면적이 60㎡(18평)

를 넘는 아파트와 전용면적 150㎡(45평)를 넘는 연립주택으로, 재건축·재개발 정비구역에서는 규모에 관계없이 모든 아파트와 연립주택의 거래 시 거래 사실을 신고해야 한다.

● 등기와 채권매입은 직접 해라

등기 절차가 어려울 것이라 생각하고 대행으로 맡기는 사람들이 많은데 인터넷에서 등기 절차를 찾아보고 따라하면 그리 복잡할 것도 없다. 그런데 아직도 직접 등기를 한다고 하면 뜯어말리는 사람들이 주위에 꼭 있다.

"네가 무슨 등기를 하냐?"

"괜히 돈 아끼려다 제대로 못하지나 말고 가만히 있어."

예전에는 등기 절차가 까다로웠지만 요즘은 간편하게 등기를 할 수 있는 방법을 알려주는 사이트가 많다. 또 혼자 등기하고 등기방법에 대한 후기를 올려놓는 사람들의 경험담도 많이 찾아볼 수 있다. 그런 내용들을 참고하면 손쉽게 따라할 수 있다. 대출을 낀 경우는 근저당을 설정하는 부분 때문에 대부분 셀프등기를 꺼리기도 하지만 셀프등기가 불가능한 것은 아니다.

- 셀프등기 www.selfdeungki.com, www.deungki.com
- 취·등록세 계산 http://est.kbstar.com/quics?page=A010614
- 주택채권 예상금액 계산 http://est.kbstar.com/quics?page=A010619

취·등록세와 채권금액은 실거래가를 기준으로 한다. 등기를 직접 할 경우에는 취·등록세를 납부한 후 국민주택채권을 매입하도록 한다. 아파트를 소유한 경우에는 반드시 국민주택채권을 매입해야 한다. 집을 사는 사람들은 정부에 내는 세금 대신 채권을 사고 정부는 국민임대주택이나 소형 분양주택의 건설자금, 전세자금지원 등 서민주택정책의 주요 지원 수단 등의 용도로 채권을 활용한다. 국민주택채권은 총 세 가지로 나뉜다.

제1종 채권은 부동산 등기나 각종 인·허가를 낼 때 의무적으로 매입해야 하는 국채를 말한다. 아파트, 단독주택, 오피스텔, 사무실, 상가, 토지 등이 모두 포함되고 만기는 5년이며, 연복리 3%가 적용된다. 국민은행, 우리은행, 농협에서 취급한다.

채권 매입자는 5년 만기 후 일시에 원금과 이자를 상환받는다. 그러나 대부분 사람들은 주택 구입에 따르는 비용 부담을 덜기 위해 국민주택채권을 만기까지 보유하지 않고 매입 즉시 채권시장에 할인매각하기도 한다.

제2종 채권은 주택채권입찰제가 시행됐던 1983~1999년 발행됐다가 분양가자율화와 함께 폐지됐지만, 이번 판교 분양 때 부활했다. 과거(20년 만기, 연복리 3%)와 달리 10년짜리 제로쿠폰(수익률 0%)으로 발행되며, 원가연동제가 적용되는 공공택지 내 중·대형 평형 당첨자가 매입한다. 국민은행에서만 취급한다.

제3종 채권은 정부가 공공택지 내 중·대형 주택용지를 공급받는 건설사를 대상으로 작년 6~10월 사이에 한시 발행했던 채권이다. 이것은 2종 채권이 부활하면서 폐지됐다.

지금은 아파트를 사려면 1종 채권을 반드시 사야 한다. 위에서도 언급했듯이 이것은 '부동산 등기나 각종 인·허가를 낼 때 의무적으로 매입해야 하는 국채'이기 때문에 선택의 여지가 없이 사야 한다.

원칙상 5년 만기를 채워야 하지만, 5년 만기를 채우지 않고 사자마자 그 자리에서 바로 할인해서 매각할 수도 있다. 대부분 그 자리에서 할인 매각하는 방법을 선택하는데 국민은행, 우리은행, 농협이나 증권회사 등에서 매각할 수 있다.

채권을 매입하러 왔다고 하면 은행이나 증권사에서는 채권매입용지를 준다. 가기 전에 토지시가액과 아파트 기준시가에 따라 채권매입액이 얼마인지 대략 계산해보면 된다. 채권 할인율은 매일 달라지기 때문에 은행이나 증권사에서 해당일의 할인율을 적용하면 최종가액이 결정된다. 매입한 채권을 그 자리에서 바로 팔겠다고 하면 할인율을 적용한 후 본인부담액만을 내면되는 것이다.

이때 왜 본인부담액을 내야하는지 의문이 생길 수도 있겠다.

부동산을 사면 의무적으로 사는 1종 채권을 만기인 5년보다 일찍 해지한다고 생각하면 된다. 쉽게 얘기하자면 중도해약 정도의 개념이다. 즉 채권을 매입해서 5년간 보유해야 하는데 사자마자

할인된 금액에 다른 사람이나 기관 등에 파는 것이다.

채권을 사고 그 즉시 파는 것은 하한가에 파는 것이다. 그것을 '할인'이라고 표현한다. 이렇게 하한가에 파는 경우에는 할인한 만큼의 비용이 들어가게 된다. '매입한 금액-하한가=할인비용'의 공식이 성립하는 것이다.

즉 매입한 금액과 하한가의 차이인 할인비용이 본인부담액이 되는 것이다. 채권을 할인할 때는 업자가 아닌 증권사나 은행을 활용하는 것이 좋다.

채권을 할인한 금액은 혹시라도 나중에 양도세가 생기면 비용으로 인정이 될 수 있으니 반드시 영수증을 받아놓자.

채권을 살 때는 등기부등본 사본, 신분증과 채권 할인 후 본인부담액(계산 후 채권금액 전체가 아닌 본인부담액만 가지고 가면 된다)을 가지고 가면 된다. 장기보유한 경우엔 증권사에서 팔고, 즉시 팔 경우엔 은행에서 해도 된다. 그러나 장기간 채권을 가지고 있다가 소멸시효를 넘긴 사람도 있으므로 주의해야 한다.

공동명의로 할 경우에는 채권을 사러 가서 반드시 공동명의라고 말해야 한다. 이 경우 채권을 반으로 나눠서 각자 사야 하는데 소액이지만 더 싸게 살 수 있는 경우도 있다. 취·등록세, 재산세, 종부세 등은 줄어들지 않지만 양도세와 채권액은 공동명의로 할 경우 혜택이 일정액 있을 수 있다.

채권을 사러 갈 때는 오전 12시 이전에 가야 하고, 소유권이전

등기 전에도 채권을 살 수 있다. 소유권이전등기를 할 때에는 채권번호를 적어 넣으면 된다.

나의 경우 대출을 받아 무리하게 집을 구입한 터라 자금이 많이 부족했다. 채권을 5년간 보유하느니 차라리 본인부담액을 내더라도 팔아버리는 게 나을 것 같아 국민은행에서 채권을 매입하고 바로 팔아달라고 했다. 그런데 이 과정을 법무사에게 위임할 경우 그에 따른 수수료를 지불해야 한다. 사람들은 흔히 법률적인 문제에 관해 막연한 두려움을 갖고 있기 때문에 직접 하지 않고 관행상 위임을 하는데, 직접 하기에 어려운 일은 아니다.

대한민국 전자정부 홈페이지(www.korea.go.kr)에 들어가 회원가입을 하고(주민등록등·초본 발급 무료) 인터넷 등기소를 클릭하면 전자표준양식인 'e-form'이 나온다. 거기서 등기신청서를 작성하고 위임장과 함께 출력한다.

전세를 끼고 사는 경우 세입자 인적사항, 계약일, 종료인, 임차료 등이 명시된 임대차계약서도 필요하다.

정리된 서류는 관할지방법원이나 등기소 내에 있는 등기민원 창구에 제출하여 검토를 받는다. 빠진 서류나 잘못된 것이 있을 경우 정정하고, 담당자가 승인할 경우 등기접수처에 가서 해당 서류 묶음을 접수한다.

등기 접수가 끝나고 하루나 이틀 정도 지난 후에 대법원 인터넷 등기소를 방문하여 소유권이전등기가 되었는지 확인해본다. 그리고 접수일로부터 3~4일이 지난 후 신분증을 지참하고 관할

등기소를 방문하여 새롭게 문서가 추가된 등기권리증을 돌려받도록 한다.

● 등기는 잔금 지급 후 즉시 해라

얼마 전 등기에 관한 인터넷 기사를 읽고 있던 중 판교 당첨 취소에 관한 안타까운 사연을 보았다. 사연은 이랬다.

어떤 사람이 집을 매도한 후 판교에 당첨이 되었다. '대박'의 행운을 맞나 했는데 7일의 날짜가 모자라서 판교 당첨이 취소되었다는 통보를 받았다. 이상하게 생각해 등기를 확인해보았더니 매도한 집을 산 사람이 자신이 판 날짜보다 7일 늦게 등기해 판교 당첨이 취소가 된 것이었다.

원래부터 집을 팔면서 청약을 하려고 마음을 먹었기 때문에 집을 판 사람에게 "그날 당장 등기해달라"고 신신당부를 해놨다고 하니 참 안타까운 일이 아닐 수 없다.

등기는 집을 매매하고 그 집이 온전히 내 집이 되었다는 공식 인증서이다. 등기를 아파트 매수 후 바로 하지 않으면 일상생활로 바빠서 차일피일 미루는 경우가 생긴다. 따라서 잔금을 지급하자마자 바로 가서 등기를 하고 그 다음에 바로 채권을 할인해 파는 것이 좋다.

Tip 등기 시 준비해야 할 서류

1. 소유권이전등기신청서(갑지)
   소유권이전등기신청서(을지-등록세 납부영수증/대법원증지 붙임/국민 주택 채권발행번호 기재)
2. 등록세 영수필 확인서 및 통지서(매매계약서를 가지고 취·등록세 신고서를 작성한다.)
3. 매도자 위임장(반드시 매도자의 인감도장이 찍혀야 한다.)
4. 부동산용 매도자 인감증명(6개월 이내 증명서)
5. 매도자 주민등록초본(전 주소가 나온 3개월 이내의 초본)
6. 매수자 주민등록등본(3개월 이내의 등본)
7. 토지대장등본
8. 건축물관리대장등본
9. 부동산거래신고필증 사본
10. 소유권이전등기신청서 갑지와 을지 사본 1부
11. 매매계약서 원본(수입인지는 매매계약서 위에 붙이고, 매매계약이 1억 이하인 경우 구입하지 않아도 된다.)
12. 등기필증(예전 등기권리증)
13. 매수자 신분증과 도장

기타 유의할 점

● 동사무소에서 전입신고를 할 때 세대주를 정하라

등기 직후 채권을 팔고 바로 가서 전입신고를 하는 것이 좋다. 이때 세대주를 결정하게 되는데 세대주가 누가 되는가 하는 문제는 굉장히 중요한 문제이다.

내가 동사무소에 갔을 때 세대주를 정하려고 하니 동사무소에서는 '그건 별로 중요하지 않은 문제'라고 얘기했다.

그러나 세대주를 정하는 것은 중요한 문제이다. 왜냐하면 소득공제가 있기 때문이다. 보통 소득이 있는 사람이 세대주를 하는 것이 좋다. 특히 세대주는 소득공제를 받을 수 있으니 소득이 높은 사람이 세대주가 되는 것이 좋다. 소득이 높으면 환급도 많이 받을 수 있기 때문이다. 만약 한 사람은 직장을 다니고 한 사람은 사업을 한다면 직장에 다니는 사람을 세대주로 하는 것이 좋다.

또 전용면적 25.7평 이하의 집인 경우 세대주는 2009년까지만 장기주택마련저축이나 펀드에 가입할 수 있는데 이 경우도 소득공제를 받을 수 있다.

전입신고를 할 때는 가족 모두가 신분증을 지참하고 가서 동시에 해야 한다. 이렇게 한 번에 전입신고를 하지 않으면 나중에 자동차등록증의 주소를 변경하기 위해 다시 가야 하는 번거로움을 겪어야 한다.

❷ 공동명의로 하면 양도세를 절감할 수 있다

아파트를 매도할 경우에 계약자를 공동명의로 하면 양도세를 절감할 수 있다(단, 비과세 혜택 조건을 충족하지 않는 경우). 하지만 부부 중 한 명은 사업을, 한 명은 직장생활을 하는 경우라면 직장생활을 하는 사람 '단독명의'로 등록하는 것이 좋다. 그래야 혹시라도 사업이 부도가 날 경우 집을 지킬 수 있기 때문이다.

❸ 등기필증, 매매계약서, 중개수수료, 취·등록세, 공사비용 등의 영수증은 꼭 보관하라

집을 매수하고 나면 챙겨야 할 서류들이 많다. 우선 등기필증과 매매계약서는 잘 보관해놓고 매매에 관련된 모든 것은 영수증이나 통장 등으로 그 증거를 남겨놓아야 한다.

중개수수료도 법정수수료가 있기 때문에 그 가격만 내면 되는데, 혹시 분쟁의 여지가 있을 수도 있기 때문에 꼭 영수증을 받거나 통장으로 증거를 남겨놓아야 한다. 대부분 사람들이 통장을 폐기할 때 그냥 버리는 경우가 있는데 통장을 남겨놓아 증거를 보관해야 한다는 말이다. 만약 중개수수료를 더 요청한다면 일단 달라는 돈을 주고 나중에 중개수수료 분쟁조정위원회에 신고해 조정을 받으면 된다.

취·등록세의 경우 매매계약서, 등기필증을 함께 넣어 잃어버리지 않도록 잘 보관하는 것이 좋다. 이때 각종 공사비용에 대한 영수증도 꼭 챙겨서 집을 팔 경우가 생기면 세금감면의 혜택을 누릴 수 있도록 해야 한다. 공사비용 중에 생활편의를 위한 비용(도배, 장판, 싱크대, 신발장 등)은 세금감면 대상에 들어가지 않는다. 하지만 섀시나 확장공사 등의 경우는 감면받을 수 있으니 공사비용 영수증을 꼭 보관해놓아야 한다. 영수증을 잃어버리면 세금감면의 혜택을 받을 수가 없다.

● 이사나 인테리어 공사를 할 경우 반드시 계약서를 작성한다

내가 계약한 집은 기존에 있던 사람들이 살면서 거의 수리를 하지 않아 상태가 심각했다. 조명은 제대로 켜지지도 않고 방충망도 없거나 찢어져 있었으며 도배는 입주 때 한 그대로였다. 장판도 여기저기 뜯어져 있었고 싱크대는 문짝도 떨어진 상태로 주저앉아 있었다. 집은 환기를 자주 시키지 않아 퀴퀴한 냄새가 났고 창문의 유리창은 깨친 것을 스카치테이프로 붙여놓고 있었다. 욕실에 들어가서 보니 성한 타일이 없었고 변기는 녹이 슬어 고장이 났으며 세면대에는 물도 잘 내려가지 않았다. 심지어 방문도 잘 닫히지 않았다.

아파트라 겉으로 보기엔 수려하고 경치도 좋았는데, 내부에 들어가니 그런 형상을 하고 있었던 것이다. 나는 일단 부분적으로 수리하여 살기로 했다. 집이 추울까봐 발코니는 트지 않는 걸로 하고 인테리어 업체에 견적을 내러 갔다. 부동산에서 소개해준 인테리어 사무소는 견적을 엄청나게 불렀다. 그래서 인터넷으로 견적을 비교한 후 업체를 선정하고 구두계약을 한 후 집으로 오라고 했다.

그런데 그 인테리어 업체는 우리 집의 상태를 보더니 갑자기 돈을 더 내라고 하는 것이었다. 이유인즉, 이 정도로 심각한 상태인줄 몰랐다는 것이었다. 나는 그 업체를 돌려보내고 다른 업체를 찾았다. 이번엔 서면으로 계약을 하고 공사를 진행시켰고, 추가 비용을 부담하는 일은 없었다.

얼마 전 부모님도 이사 후 인테리어 업체에 타일 공사를 맡기면서 구두계약을 했는데, 그 업체 역시 직접 와서 보고는 돈을 더 요구했다고 한다.

보통 인테리어의 경우 처음부터 정확하게 견적을 내고 계약서를 써두어야 하는데, 그렇지 않고 대략 금액을 정하고 구두계약을 하면 공사 당일에 더 많은 금액을 부르는 경우가 종종 있다. 그러므로 반드시 계약서를 작성하여 계약조건, 요구사항, 계약금과 잔금 지급일을 명시해두어야 한다.

그리고 업체 측에서 잘못 시공한 경우나 약속을 안 지켰을 경우 그에 대한 위약금까지 정확히 표기해야 한다. 이때 공사 하자에 대한 A/S 기간을 1년 혹은 2년으로 반드시 적어두어야 한다.

이사를 할 때도 마찬가지다. 구두로 계약한 경우에는 추가 비용을 더 내게 하는 경우가 있다. 예를 들어 사다리차를 사용했으니 그에 대해 비용을 더 내야 한다거나, 또 짐이 너무 많으니 인건비를 더 내라고 하는 등이다.

이사가 끝난 후 이런 식으로 바가지를 씌우는 경우가 많은데, 특히 싱글 여성인 경우 이렇게 당하는 경우가 자주 있다. 20대 후반이나 30대 초반의 싱글 여성들은 아직 자기 집을 소유한 사람들이 거의 없기 때문에, 대체로 전세나 월세 계약이 만료될 때마다 이사를 하게 되는데 이사 경험이 거의 없는 초반에 이런 바가지 비용을 많이 물곤 한다.

이사 경험이 좀 생기면 그런 추가 비용을 내지 않아도 된다는 걸 알지만, 그렇게 추가 비용을 요구하는 것 자체가 기분을 상하게 하기도 한다.

그러므로 처음부터 좋은 이사 업체를 찾는 것이 좋다. 온라인 사이트에 들어가 사람들의 이용후기가 긍정적으로 많이 올라와 있는 곳을 찾아보면 도움이 될 것이다. 온라인으로 이사 업체를 선정할 때는 먼저 온라인으로 견적을 내고 반드시 허가업체인지 확인을 해야 한다. 만약 허가업체가 아니라면 이사 도중 어떤 문제가 생겨도 보상을 받을 수 없다.

이사 업체를 선정하고 나면 계약서를 작성하고, 파손이나 분실에 따른 보상 내용도 함께 명시한다. 이사 비용에는 어떤 옵션이 들어갔는지 꼼꼼히 살펴보고 과다하게 지출하지 않도록 조정할 필요도 있다.

이사비용은 반드시 카드로 결제하는 것이 좋다. 차후에 어떤 문제가 생길지 모르기 때문이다. 이사할 때는 집주소를 한 번에 바꿀 수 있는 사이트에 들어가 새 주소로 주소변경을 신청하거나 직접 카드사나 보험사, 인터넷 사이트 등에 들어가 주소를 변경해놓는다.

● 우편물 주소변경 서비스: www.zipcode.co.kr

● **신뢰할 수 있는 중개업자와 거래하라**

예전에 집을 갈아타려 시도했던 적이 있었는데, 한 중개업소에서 전화가 왔다. 집을 매매가보다 1천 500만 원 깎아주겠다는 것이었다. 그런데 다른 곳을 통해 확인해보니 매수가가 1억 6천 500백만 원이면 1억 8천만 원을 불러놓고 깎아준다고 한 것이었다.

그런데 자꾸 사라고 전화가 와서 이미 다른 곳을 샀다고 핑계를 댔더니, 이번에는 온갖 인테리어 업체와 이사 업체에 내 전화번호를 뿌려놔 이틀 사이에 열 통이 넘는 전화를 받았다. 그런데 나의 경우와는 반대로 몇 군데 부동산에 매수 의사를 밝혀놓고도 전혀 연락을 못 받는 경우도 있다.

237

흔히 좋은 매물을 사려면 부동산 중개업자와 친해져야 한다고 말한다. 맞는 말이다. 그러나 친해졌다고 너무 믿어서도 안 되며, 항상 자기 나름의 기준을 가지고 있어야 한다. 나는 오히려 부동산 중개업자와 친해서 손해를 보게 된 경우도 있었으니 말이다.

대다수의 부동산 중개업자들은 성실하고 좋은 사람들이다. 그러나 그중 일부는 나이가 어리거나 부동산에 대해 잘 모르면 속이려 하는 경우도 있으므로 항상 조심해야 한다. "잘 모르시나본데……"라고 무시하거나 혹은 "너무 잘 안다!"라며 추켜세우는 것도 중개업자의 상술일 경우가 많으니 조심해야 한다.

또 자격증만 따서 막 개업한 중개업자의 경우 아직 현장 감각이 없고 모르는 것이 많으므로 이 경우도 조심해야 한다. '선무당이 사람 잡는다'고 그런 중개업자를 만난 경우는 낭패를 볼 수 있다.

좋은 중개업자는 자신의 지역뿐만 아니라 부동산 시장 전체를 보는 눈이 있는 사람이며, 투자와 재테크 전체에서 부동산의 특성 또한 잘 아는 사람이다. 이런 중개업자는 매수자에게 해당 매물의 장점과 단점을 솔직하게 알려주고 그 대안 또한 함께 제시해 줄 수 있다. 이런 중개업자라야 믿을 만하다. 중개업자와 친해져야 한다는 말은 이런 사람을 두고 하는 말이다. 자기는 내키지 않는데 강제로 권하거나, 성의 없이 대하는 사람과는 거래하지 않는 것이 좋다.

예를 들면 나는 1층이 싫은데 1층도 나쁘지 않다며 계속 권하거나, 다른 평형으로 갈아타려고 하는데 별 차이 없다며 의지를 꺾는다거나, 채권비용을 계산해달라고 하면 "법무사가 다 알아서 해준다"며 "아무 걱정 말라"고만 말하는 중개업자가 그런 경우다.

부동산을 거래할 때는 신뢰할 수 있는 인격을 갖춘 업자와 거래하는 것이 중요하다. 그러면 어떻게 그런 사람을 만날 수 있을까?

먼저 관심 가는 집을 놓고 여러 부동산에 전화해서 매도자와 매수자의 입장으로 팔 때 가격과 살 때 가격 등을 묻고 기타 유의할 사항은 없는지 물어본다. 이렇게 해보면 거래할 만한 부동산이 어떤 곳인지 선별해볼 수 있다.

똑같은 중개업을 하더라도 어떤 사람은 정말 자기 고객의 인생에 도움을 주기 위해 관심을 갖고, 어떤 사람은 그 사람보다 그 사람이 낼 수수료에만 관심을 갖는다. 이런 사람 역시 거래 상대로 적합하지 않다.

또한 중개업자의 전문적인 자질도 중요하다. 시세 분석과 향후 가치를 예견할 수 있는지, 위험분석을 선행해 어느 정도의 위험을 감수해야 하는지 말해줄 수 있는 사람이어야 한다.

그리고 양심을 지키면서 거래할 때의 사항을 조목조목 알려주는 사람이어야 한다. 계약 후 잔금을 치루는 날짜가 되기도 전에 돈을 달라고 하진 않는지, 얼마나 합리적으로 고객을 대하는지 잘 살펴봐야 한다. 자신의 임의대로 계약을 서두르거나 늦추는 사람, 자신이 추천하는 은행, 인테리어, 이사 업체 등을 강요하는 사람은 조심해야 한다.

내집마련 시 알아야 할
세금 상식과 부동산 용어

부동산을 사거나 팔면 반드시 따라 붙는 게 세금이다. 가뜩이나 집 때문에 골치 아픈데 머릿속을 더 복잡하게 만드는 세금 용어들! 취득세, 등록세, 거래세, 재산세, 종합토지세, 지방교육세, 도시계획세, 농어촌특별세, 종합부동산세, 보유세, 양도세까지 너무나 다양하다.

농어촌세와 교육세, 도시계획세는 알겠는데…… 나머진 뭐지? '뭐가 뭔지 모르겠다. 에라~ 내라는 대로 대충 내자!' 이렇게 생각하고 넘기지 말고 내가 어떤 세금을 내는지 알고 세금과 부동산 용어에 관한 상식을 키워보자.

주택을 구입하면 채권(주택기금) 외에 지방세와 국세를 내야 한다. 지방세는 재산세와 지방교육세, 도시계획세를 말한다. 예전에는 종합토지세가 있었는데, 지금은 재산세에 포함되어 통칭한다.

국세는 종합부동산세와 농어촌특별세를 말한다.

거래세는 취득세와 등록세를 뜻하는 말이다. 흔히 거래세와 취·등록세를 따로 생각하는데 취·등록세를 합해서 거래세라고 한다.

지방세인 재산세와 국세인 종합부동산세는 보유세라고도 한다.

주택의 경우 면적·구조·용도·위치·경과년수 등 각종 지수를 반영하여 시세(실거래가)보다 10~30% 낮게 과세표준 기준시가가 정해진다. 많은 사람들이 과세시가와 과세표준시가와 기준시가가 각각 다른 용어라고 생각하지만, 모두 같은 말로 과세표준 기준시가를 기준시가라고 줄여서 말한다. 건축물에는 과세표준 기준시가, 토지에는 '공시지가'라는 용어를 사용한다.

우리나라의 부동산 거래세(취득세, 등록세)와 보유세는 7:3정도의 비율로 거래세가 더 높았다. 예전에는 과세표준 기준시가(줄여서 기준시가-세금을 부과할 때 기준이 되는 시가)에 따라 이중계약서를 작성할 수 있었고 그에 따라 거래세 부담도 덜 수 있었다. 이중계약서는 일명 다운계약서라고도 하는데, 과세표준 기준시가를 기준으로 매도자와 매수자가 합의하여 이중으로 계약서를 작성하고 취득신고를 할 때 실거래가 계약서가 아닌 다운계약서로 신고를 하는 것이다.

하지만 현재는 실제 거래 가격인 실거래가로 신고하도록 규정이 바뀌었기 때문에 거래세와 보유세가 동시에 늘었다고 볼 수 있

세금의 종류		
분류		**내용**
국세	종합부동산세	매년 6월 1일에 등기부등본상의 소유자에게 부과하는데, 실거래가를 기준으로 6억을 초과한 경우에 부과한다. ■ 과세 기준 금액 •6억 원 초과~9억 원 이하: 1.0% •9억 원 초과~20억 원 이하: 1.5% •20억 원 초과~100억 원 이하: 2.0% •100억 원 초과: 3.0%
	농어촌특별세	전용면적 85㎡(25.7평)를 초과하는 집을 소유한 사람의 경우 취득세를 낼 때 취득세액의 10%를 농어촌특별세로 내야 한다.
지방세	지방세재산세	토지나 집을 가진 사람은 매년 재산세를 내야 한다. ■ 과세 기준 금액 •8천만 원 이하: 0.15% •8천만 원 초과~2억 원 이하: 0.30% •2억 원 초과: 0.50%
	지방교육세	지방교육재정을 확보하기 위해 부과하는 세금으로 부동산 매매 시 등록세를 낼 때 등록세의 20%를 지방교육세로 내야 한다.
	도시계획세	도시사업계획에 필요한 비용을 충당하기 위해 일정한 토지나 건축물에 대해 부과하는 세금으로 표준세율은 0.2%이나 0.3%를 초과하지 않는 범위 내에서 특별시장·광역시장·시장·군수가 표준세율과 다르게 정할 수 있다.
거래세	취득세	부동산 취득일로부터 30일 이내에 관할 시·군·구청에 직접 신고하고 금액을 납부해야 한다. 기한을 넘길 경우 가산세를 내야 한다.
	등록세	부동산 매매 계약 후 등기 신청을 하기 전까지 해당 시·군·구청에 직접 신고하고 금액을 납부해야 한다. 등록세 납부 영수증이 있어야 등기 신청이 가능하다.

※ 보유세는 지방세와 국세를 합한 것이다.

다. 그러나 2007년부터 시가 1억 원 미만이면서 전용면적 19평 이하의 주택을 거래할 때는 거래세가 면제된다.

보유세 중 문제가 되고 있는 과세표준 산정방법은 재산세의 경우 국세청과 건교부에 표시된 가격의 50%를, 종합부동산세의 경우 70%를 적용하여 계산하고 있다. 그러나 현행 50%, 70%인 과표적용률은 향후 지속적으로 오를 예정이다. 재산세 납부 대상자는 2007년부터, 종합부동산세 납부 대상자는 그보다 더 빠른 2009년부터 100%의 과표적용률을 부과받게 된다.

이 말은 현재 자신이 보유하고 있는 부동산에 대해 실거래가의 70%에 해당하는 금액에 대해서만 종합부동산세를 내던 것을 2009년에는 실거래가의 100%에 대해 종합부동산세를 내게 된다는 말이다. 마찬가지로 재산세를 내야 하는 사람들은 현행 50%의 과표적용률이 2017년에는 100%로 늘어나게 될 것이라는 말이다.

종합부동산세는 일정 요건의 장기임대주택, 종업원 기숙사, 미분양 주택 등에 대해서는 제외하고 있다.

모든 과세 기준일은 매년 6월 1일이며 현재 과세대상 부동산을 보유한 개인이나 법인에 부과된다. 그러므로 부동산을 매도할 예정인 사람은 6월 1일 이전에 매도하는 것이 유리하다. 6월 1일 날짜의 소유자로 기재된 사람이 보유세를 내기 때문이다.

집을 살 때는 팔 때의 경우도 고려해야 한다. 왜냐하면 보유와 실거주 기간이 기준에 미달할 경우 양도소득세를 내야 하기 때문이다. 서울, 과천, 5대 신도시(분당, 평촌, 산본, 일산, 중동)에서는 1가구 1주택의 경우 3년 보유 2년 실거주를 채워야 하고, 나머지 지역은 1가구 1주택의 경우 3년 보유를 비과세로 규정하고 있다. 취학, 이민(2년 이내 양도), 타 시·군으로 세대원이 모두 이주할 경우도 비과세로 인정된다. 그러나 1가구 1주택일지라도 실거래가 6억 원 이상의 주택은 양도세를 내야 한다.

한 사람이 일생을 살아가면서 내는 세금은 의외로 많다. 소득세, 부가가치세, 간접세, 특별소비세, 부동산세, 상속세, 증여세 등 세금의 종류는 다양하다. 일례로 휴대폰을 사용하면 사용요금의 10%가 부가가치세로 붙는다. 연필 한 자루를 사도 부가가치세가 붙고 TV를 사더라도 LCD TV의 경우엔 특별소비세가 붙는다.

그러나 이런 세금의 경우 상품의 가격에 포함되어 지출되기 때문에 세금을 낸다고 실감하지 못하는데, 부동산의 경우 세금을 따로 내야 하기 때문에 확실하게 실감이 난다. 게다가 거래 금액도 억대를 넘어가니 세금 역시 만만찮은 금액이다.

나는 처음 집을 샀을 때 세금 내는 게 너무 아까웠다. 대출을 갚아나가느라 밤낮으로 일을 하고 하루하루 투쟁을 하며 살고 있는데 세금고지서는 따박따박 날라오고, 도대체 국가가 집 사는데 어떤 기여를 했기에 이렇게 세금을 내게 하는 것이냐며 속이 편치 않았다.

하지만 이렇게 생각해보면 어떨까? 십 원도 안 오르는 집을 가지고 있는 것보다 차라리 오르는 집 가지고 있으면서 세금 내는 게 훨씬 낫지 않느냐고.

주변의 부자들에게 세금에 관해 물어보면 '세금만큼 무서운 건 없다'고 하면서도 '세금, 오른 만큼 내면 된다'고 말한다. 내가 세금을 내야 국가가 부강해질 것 아닌가?

'세금을 많이 낸다, 양도세를 낸다'는 것은 다시 말하면 자신의 집값이 상당히 올랐다는 뜻이다. 이왕 내집마련을 했는데 집값 오르고 세금을 내는 게 낫겠는가, 아니면 안 오르고 세금을 안 내는 게 낫겠는가?

정부가 6억 초과의 주택에 대해 세금을 물린다고 하자 오히려 서울의 주요 지역 집값이 이전보다 두 배나 올랐다. 오르는 지역에 내집마련을 하고 세금을 내는 것이 미래를 생각하면 더 좋은 일일지도 모른다.

세금 때문에 내집마련을 하기가 두려운가? 그것은 '구더기 무서워서 장을 못 담근다'는 말과 똑같다. 절세를 원한다면 작은 집을 사든가, 아니면 보유세를 내지 않기 위해 집을 아예 사지 말아야 한다.

오르는 곳, 미래가치가 있는 곳, 많이 올라 국가에 세금을 낼 곳에 내집마련을 하라. 현재는 아니더라도 미래에 가격이 그만큼 올라준다면 오른 만큼 세금을 내면 된다. 오르고 세금 내는 것이 안 오르고 오히려 집값 떨어져서 세금 안 내는 것보다 나으니 말이다.

내집마련의 다양한 방법

● **발상의 전환, 재개발을 노려라**

재개발은 거주할 때 환경은 열악하지만 발전 가능성에 비한다면 저평가된 지역이다. 그러므로 자금이 많지 않은 젊은 사람들에게는 20평대 아파트를 수월하게 얻게 해주는 마법의 도구와도 같다.

재개발 지역이나 아직 시세가 안 오른 지역의 소형 아파트는 전세를 끼고 5천만 원만 있다면 집을 살 수 있다. 눈높이를 자신의 상황에 맞추고 기대치를 조금만 낮추면 얼마든지 좋은 곳을 찾을 수 있다.

1983년에 강남권의 아파트를 산 친척은 그때 당시 6천만 원에 32평 아파트를 구입했다고 한다. 그 당시에는 일억 원 이하의 아파트가 많았다는 얘기다. 그러나 지금은 일억 이내의 자금으로 서울에서 중형 아파트를 찾기는 힘들다.

통계에 의하면 아파트 가격은 지난 10년 전에 비해 강남권은 3.25배, 비강남권은 2.12배가 올랐다고 한다. 예전과는 달리 1~2억으로 서울의 중형을 사기는 힘든 시대인 것이다. 하지만 꼭 깨끗하고 좋은 아파트나 분양권이 아닌 다른 쪽으로 시선을 돌린다면 내집마련은 그리 어려운 일만은 아니다.

만약 1억 원의 자금이 있다면 전세비율이 높은 집을 전세를 안고 사는 것이 좋다. 직접 들어가서 살 집이라면 불편하더라도 아직 교통환경의 개발이 덜 된 곳이거나, 앞으로 전철역이 들어선다거나 그 외 개발호재가 있는 지역 근처에서 집을 찾아야 한다.

때로는 상가주택을 지을 수 있는 허름한 단독주택도 아파트보다 더 나은 대안이 될 수 있다. 허름한 주택을 개조하면 상가주택으로 만들 수 있고 월세 수입도 얻을 수 있어서 일석이조다. 이 경우 자신의 수입을 고려해서 언제 주택을 리모델링할지, 리모델링 비용은 얼마나 들지도 함께 계산하고 구입해야 한다. 만약 오래된 주택이라면 택지개발지구 근처나 사람들이 많이 다니는 곳, 혹은 지하철근처가 좋다.

그리고 아파트를 찾고 있다면 1억을 갖고 있다고 해서 반드시 시세 1억 대의 아파트만 볼 것이 아니라 2억 중반에서 3억 초반까지의 아파트를 모두 검색해봐야 한다. 그런 매물을 관심 있게 보고 있다가 급매로 나오는 싼 매물을 잡는 것도 방법 중 하나다.

실례로 우리 집 주위에는 앞으로 경전철이 들어서는 지역에 위치한 20평의 아파트인데 시세가 2억 미만인 것도 있다. 물론 세대수는 600이 넘고 브랜드 가치도 있는 아파트이다. 이 주변은 앞으로 지속적으로 개발될 예정이라 시세도 상승 가능성이 있다. 이 아파트의 전세 시세도 집값의 60%정도이니 1억 미만의 자금으로도 집을 살 수 있는 것이다.

일억은 애매한 돈이다. 돈이 새끼를 치고 불어나기 위해서는 내집마련을 잘 해야 한다. 시야를 넓게 가지고 검색부터 먼저 해보자. 나에게 맞는 재개발, 혹은 아파트, 단독이나 다세대주택 등이 보일 것이다.

● 10년 후를 내다보는 내집마련, 재건축

앞으로 유망한 가치를 지닌 내집마련 투자처는 어디일까? 10년을 내다본다면 단연 '대지지분이 넓은 재건축 아파트'라고 할 수 있다. 가치투자는 꼭 필요하다. 헌집 대신 새집을 얻고 누가 더 많은 땅을 차지할 수 있는지가 관건인 재건축 아파트 투자는 10년을 내다보는 가치투자이다.

그러나 요즘은 재건축 아파트의 가치에 대한 인식이 워낙 넓게 퍼져 있어서 예전과 달리 싼 값에 매입하기가 어렵다. 또 정부의 정책에 따라 변수가 많고 물가 상승과 원자재가 상승으로 인해 추가부담금이 많이 들 수도 있다는 점을 감안해야 한다.

재건축 아파트를 고를 때에는 수익률을 생각해야 한다. 수익률은 무상지분률(무상으로 추가부담금 없이 얻을 수 있는 평형)이 얼마인지 따져봐야 한다. 또 조합 설립 단계인지 사업 계획 인가 단계인지 사업 착수 단계인지 등을 살펴보고 비례율이 큰 곳을 골라야 한다. 비례율이란 자산가치를 사업성에 비례해서 되돌려주는 것을 말한다. 비례율이 클수록 사업성이 높고 수익률이 크다. 비례율 계산식은 다음과 같다.

> 비례율 = (총분양수입 - 총사업비용) / 종전 재산의 총액 × 100

재건축 아파트를 고를 때는 사업 추진이 빠른 재건축 단지나 조합원수가 적은 단지, 그리고 또 구체적인 추가부담금 등 금융비용이 나와 있는 단지를 선택하고, 지분거래가 가능한 매물이나 물딱지 위험이 있는 아파트는 사지 말아야 한다. 합법적으로 입주권을 받지 않고 이미 부여된 입주권을 매매하는 것을 속칭 '딱지 거래'라고 하는데, 물딱지란 당첨 여부가 확인되지 않은 분양권을 말한다.

● 미분양도 잘만 고르면 알짜다

미분양 아파트는 분양을 했는데도 입주 지원자가 많지 않아 비어 있는 세대가 많은 아파트를 말한다. 수요가 적기 때문에 분양 아파트보다 싸고 청약통장이 없어도 된다는 장점이 있다.

하지만 대다수 사람들은 미분양이라고 하면 뭔가 문제가 있을 거라는 생각에 관심을 가지지 않는다. 물론 그럴 수도 있지만, 그렇지 않은 경우도 많다. 해당 지역의 수요인구보다 공급물량이 더 많아 어쩔 수 없이 미분양이 된 경우도 있고, 또 어떤 경우는 개발 호재가 있긴 하나 아직 개발 시작 단계라 당장 입주하려는 사람이 많이 없어서 미분양이 나는 경우도 있다. 실제로 신도시의 경우도 개발 초기 단계에 그런 미분양 아파트가 있었으나, 일정한 시간이 흐르고 개발이 어느 정도 진행되자 가격이 많이 상승했다.

그러므로 미분양 아파트도 잘만 고른다면 자본금이 많지 않은 사람에게 내집마련을 쉽게 할 수 있는 수단이 될 수 있다. 미분양 아파트를 고를 때는 가격, 입지여건, 대단지 여부 등을 보면 된다.

나보다 3개월 빠르게 결혼한 찬영이는 빌라에 전세를 얻었다. 나는 찬영이에게 한꺼번에 물량이 많아 미분양이 많이 난 부천 범박동에 H아파트가 대단지고 쾌적한 도로와 조용한 환경과 더불어 근처의 이마트와 홈플러스, 병원, 전철역 등 편의시설을 제공하니 그쪽으로 눈을 돌려보라고 하였다. 그리고 복비를 지불하더라도 빌라에서 전세를 빼고 다른 세입자를 구해주고 나오면 되지 않겠냐고 하였다. 당시 미분양이었던 H아파트는 계약금만 걸고 살면서 돈을 내면 되는 조건이었다.

미분양을 사는 것은 때로는 '모자란 물건'을 고른 것처럼 찝찝하지만, 꼼꼼히 살펴보고 선택한다면 정말 알짜 수익을 내는 내집마련이 될 수 있다.

● 분양권을 살 때는 향후가치를 계산해야 한다

분양권은 평수, 가격, 동·호수 등이 정해진 상태의 아파트 또는 상가 등의 권리를 말한다. 일반적으로 아파트 청약당첨자에게 주어진 권리를 말하며 권리를 가지면 부동산을 취득할 수 있다. 당첨이 되면 2년여 후의 입주까지 계약금, 중도금, 잔금을 약 8회에 걸쳐 치르게 된다. 따라서 분양권은 기존 아파트와 달리 자금부담이 적다는 장점이 있다.

분양권을 살 때는 보통 프리미엄이 붙는데 프리미엄까지 주고 분양권을 살 것이라면 확실한 입지여건이 있거나, 프리미엄을 준 것보다는 더 많은 수익이 날 것인지를 계산해봐야 한다.

그러나 분양권 전매금지조치에 따라 현재 분양권을 팔 수 없는 매물도 있으니 유의해야 한다. 또한 학군과 교통, 환경, 병원, 편의시설 등을 보고 직장과의 근접성과 미래의 개발가치를 고려하여 자신에게 맞는 분양권을 구입해야 한다.

분양권을 구입할 때는 로열동과 층을 당첨받은 조합원의 매물을 먼저 살펴보는 것이 좋다. 또 시공사와 시행사 확인, 추가부담금 등도 함께 확인해야 한다. 현재 분양권 전매 제한 조치가 취해져서 예전보다는 사기 어려워졌지만 잘 살펴보고 산다면 내집마련을 위한 좋은 길이 될 수 있다.

● 급매물

모든 부동산이 그렇듯이 집도 정가가 없다. 내가 사는 가격이 바로 그 집의 가격인 셈이다. 그리고 때에 따라서 급히 팔고자 하는 매물이 나와 하한가보다 훨씬 싼 가격에 매물을 구입할 수도 있다. 즉 '부동산은 정해진 가격이 없다'는 말이 맞는 셈이다.

처음 집을 살 때 인터넷 시세를 보고 급매가 흔하고 많은 것이라고 생각했다. 하지만 부동산에 전화해보면 그 물건은 이미 빠져서 없다고 하거나 옛날 시세라고 둘러대기 일쑤였다.

인터넷 시세는 대부분 미끼용 시세라고 생각하는 것이 좋다. 급매를 잡고 싶다면 일일이 전화해서 요즘 시세를 물어보고 급매를 얼마 정도까지면 살 의향이 있다고 전화를 해놓는 것이 좋다. 부동산 역시 급매가 나와도 전화를 주지 않는 경우가 있기 때문에 두세 군데 정도 급매를 부탁해놓는 것이 좋다. 그러나 매수 의사를 너무 많이 표시하지 않는 것이 좋다. 왜냐하면 매수자가 많은 줄 알고 주인이 값을 올릴 수도 있기 때문이다.

대부분 급매는 사려는 사람이 많기 때문에 나오자마자 팔리는 경우가 많다. 따라서 현재와 과거의 가격의 가격을 파악하고 얼마 정도면 사겠다는 생각을 평소에 분명하게 해놓고 급매가 나오자마자 사는 게 좋다.

급매물이라 하면 흔히 뭔가 하자가 있는 것이라 생각한다. 물론 그럴 수도 있다. 그러나 집값 하락기에는 제대로 된 물건이 좀 나온다. 무리하게 대출을 안고 집을 샀다가 대출 부담을 이기지 못하고 급히 팔려는 사람, 혹은 집값 하락 분위기에 동요되어 급히 팔아치우려는 사람들이 종종 있기 때문이다.

아파트의 경우 보통 시세보다 5%만 떨어져도 급매라고 말할 수 있다. 때에 따라서 20% 정도까지 떨어진 매물이 나오기도 하지만 그런 경우는 흔하지 않으므로 20%까지 떨어지길 기다리는 것보다 현 시세에 비해 5~10%만 떨어져도 급매라고 생각하고 구입하는 것이 현명하다.

급매를 준비할 때는 현 시세보다 얼마나 싼 가격에 나올지, 경우의 수를 다 생각해보고 계약금을 바로 치를 준비를 미리 해놔야 한다. 또 중도금과 잔금을 치를 때 급매의 경우는 보통 2주 정도 이내에 매매를 성사시키기 때문에 그 자금을 어떻게 조달할 것인지도 생각해두어야 한다. 대출을 계획하고 있다면 어디서 어떤 조건에 할 것인지까지 세밀하게 준비를 해놓고 기다려야 한다.

급매로 살 때는 집주인의 사정이 어떤지 알아볼 필요가 있다. 연세가 많이 드신 분이거나, 유학을 가는 사람 등 상황이 급한 사람일수록 집을 싸게 팔 확률이 높기 때문이다. 운이 좋으면 급매로 나온 물건을 더 깎아서 살 수도 있다.

● 주거와 소유를 분리해 투자이익 극대화하기

내집마련은 대가를 치룬 그만큼만 결실이 난다. 혹자는 내집마련은 재테크 실력의 결정판이라고 말하기도 하지만, 나는 오히려 내집마련은 온전한 노력의 결과라고 얘기하고 싶다.

내집마련에 있어 가장 나쁜 태도는 내집마련을 포기하고 전세나 월세를 살면서 만족하는 태도이다. 일정 금액의 종자돈을 모았으나 내집마련을 하기에는 다소 금액이 부족한 상황일지라도, 의지만 있다면 방법은 찾을 수 있다.

바로 전세를 안고 내집마련을 하는 것이다. 그 집에 전세를 놓고 자신은 다른 곳에서 전세를 살다가 그 집에 들어갈 수 있을 만큼 돈을 모았을 때 입주하면 된다.

월세를 살고 있다고 해도 일정 금액의 종자돈을 모아 전세를 안고 집을 사면 된다. 전세를 놓기 싫다면 감당할 수 있을 만큼의 대출을 끼고 사라. 그것도 싫다면 분양권을 사든지 미분양을 사든지 해서 일단은 집을 사놓고 주거와 소유를 분리해라.

만약 집에서 수익이 나는 일, 즉 개인교습을 하거나 놀이방을 하겠다면 내집에 살면서 대출을 갚아나가는 것이 좋다. 하지만 그런 경우가 아니라면 내집마련을 해도 입주는 뒤로 미루고 전세를 사는 것이 좋다.

사놓은 집의 전세금과 내가 얻을 전세 가격이 많이 차이가 나면 날수록 좋다. 자신이 살 전세와 자신이 산 집의 전세 가격이 비슷하거나 약간 차이가 나는 경우라면 그냥 산 집에서 사는 것이 좋고, 산 집의 전세 가격과 자신이 알아본 전세 가격의 격차가 크면 자신의 집을 전세로 내놓고 자신은 전세에 사는 것이 좋다.

원가공개, 후분양제도, 반값아파트 하에서의 내집마련

정부정책 외에 주택 가격에 영향을 미치는 또 다른 요인으로 꼽는 후분양제도는 얼마만큼의 파급효과를 가질까? 후분양제도가 도입되면 나날이 증가하는 물가상승률과 유가가 분양가에 모두 포함되어 가격이 더 올라갈 수밖에 없다는 것이 공론이다.

분양제도는 결국 위험부담을 누가 지느냐에 따라 선분양과 후분양으로 나뉜다고 볼 수 있다. 분양 후 건설에 들어가는 선분양제도 하에서는 분양을 받은 사람들이 먼저 돈을 내서 위험을 부담하고 싼 가격에 아파트를 공급받는다. 건축물을 먼저 지어놓고 분양을 하는 후분양제도에서는 건설사가 위험을 부담하고 비싼 가격에 아파트를 공급하는 것이다.

정부는 분양가상한제(분양가를 일정 금액 이상 못 받게 상한선을 정해놓는 것으로 원가연동제라고도 한다)와 분양원가공개를 앞세워 후분양제도의 단점을 보완하려고 하고 있다. 하지만 판교 이후로 두 배 이상 높아진 분양가가 떨어진다 해도 5년 전 약 600만 원에 불과했던 분양가로 되돌아갈 가능성은 희박해 보이고 오히려 분양가상한제로 인해 분양 조합원들의 추가부담금이 높아질 전망이다.

예를 들어 분양가상한제가 도입되어 일명 반값아파트를 만든다고 해도 판교를 분양했던 가격이나 은평뉴타운에 도입했던 만큼의 분양가 정도는 예상해야 한다는 것이다.

2007년 9월 1일부터 정부는 민간택지지구 분양원가공개를 실시하며 공개 대상은 수도권 및 투기과열지구로 지정했다. 그리고 지난 5월 택지비, 직접공사비, 간접공사비, 설계비, 감리비, 부대비용, 가산비용 등의 항목을 계산해 발산지구의 평당 분양원가를 2,029,761원이라고 밝혔다. 이것은 예전에 정부가 땅을 매입해 놨거나 혹은 그 지역 철거민들에게 땅을 담보로 집을 공급해주기 때문에 가능한 계산일지는 모르겠으나 현재 서울시내에 대규모로 개발이 가능하면서 평당 가격이 200만 원 이하인 곳은 없다.

현재 수도권의 대부분의 택지비는 강북의 경우 평당 1천만~1천 500만 원(강북의 땅값과 분양가가 비싸진 이유는 정부가 은평뉴타운 분양가격을 1천 500만 원으로 책정했기 때문), 강남이나 버블세븐 지역의 경우 평당 2천 500만~3천만 원 정도에 이른다.

은평뉴타운은 평당 적정가를 약 1천 500만 원대라고 책정해놓고 이제와서 발산지구 평당 원가가 200만 원대라고 하니, 정부는 참 편리하게 줄자를 늘였다 줄였다 하는 듯하다.

정부가 대규모로 땅을 사놓고 택지개발을 하는 것과 앞으로 분양할 지역의 가격은 천지 차이이다. 그렇다면 분양원가공개에 어떤 합리성이 있을까?

정부가 택지비, 직접공사비, 간접공사비, 설계비, 감리비, 부대비용, 가산비용 등을 계산해서 발산지구 분양원가를 공개했다고 하는데 이는 일반분양된 것이 아니라, 택지지구에서 원래 살고 있다가 집이 철거된 주민에게 집이 공급되는 것이다. 따라서 땅값이 거의 들어가지 않았다고 보아야 한다.

이렇게 따지면 분양원가가 평당 200만 원이라는 것은 다소 억지스러운 주장이다. 그런 주장을 하고 싶었다면 왜 서울 외곽의 판교나 은평뉴타운 등의 가격을 평당 1천 500만~2천만 원을 받아 서울과 수도권의 집값을 두 배로 올려놓은 것인가? 단순한 세수확보를 위해? 아니면 진정으로 집 없는 서민들을 위한 마음으로?

2007년 10월 이른바 '반값아파트' 인 토지임대부, 환매조건부 주택 32평형 400가구가 수원 호매실지구 등지에서 공급된다.

■ 토지임대부

- 분양가: 분양가상한제 적용
- 토지임대료: 4~5%(2년마다 갱신 가능)
- 전매제한: 10년(수도권)

- 지상권설정기간: 30년
- 공급대상: 청약저축 가입자
- 공급가구: 32평형 200가구

■ **환매조건부**
- 분양가: 분양가상한제보다 다소 저렴
- 환매가격: 최초 공급가격에 정기예금이자 가산
- 환매조건: 10년 이내 질병, 해외이주 등에 한해 환매, 10년이후는 사유 없이 환매
- 공급대상: 청약저축 가입자
- 공급가구: 32평형 200가구

위의 토지임대부와 환매조건부 방식을 자세히 살펴보자. 토지임대부는 건물은 분양가상한제를 적용해 분양하고 토지는 임대하는 방식이다. 건물만 분양하므로 분양가는 24평형 8천만 원, 32평형 1억 1천만 원선으로 예상된다.

다만 토지임대료(월 30~50만 원)를 내야 하므로 전세보다는 다소 비싼 편이다. 말하자면 토지 월세를 내야 하는 셈이니 말이다. 토지임대부 주택은 가격은 저렴하지만 나중에 토지를 불하받지 못할 경우 반쪽짜리 집이 될 가능성이 높다. 거기다 10년간 전매 제한 기간이 있다.

환매조건부 주택은 분양가가 저렴하다고 해도 토지임대부와 마찬가지로 예외 사유가 없는 한 10년 이내는 환매할 수 없다. 게다가 일반 판매를 금지하고 공공기관에만 정해진 가격에 팔아야 한다. 만약 되팔 때 감가상각이 반영되면 처음 산 가격보다 싼 가격에 팔아야 할 수도 있다. 따라서 돈을 주고 주택을 빌리는 전세와 다름없는 제도이다.

위와 같은 아파트들은 속칭 분양가상한제를 도입한 반값아파트의 전형이다. 토지임대부와 환매조건부 방식을 적용한 반값아파트는 실상 임대아파트이다. 그것도 서민들의 재산을 전혀 불려주지 않으며 평생 비싼 토지 월세를 매달 내야 하거나 나중에는 정부기관에 손해를 보고 환매(판매)해야 하는 불이익도 감수하게끔 하는 제도이다.

대부분의 서민들은 토지임대부와 환매조건부 방식을 적용한 집의 실상과 내용을 자세히 모르고 찬성하고 있지만, 과연 10년이 지나서도 그럴 수 있을지 의문이다. 세월이 흐름에 따라 땅의 가치가 높아지면 매년 대지임대료 비율도 물가상승률을 고려해 2년마다 최소 5% 이상 높아질 것이다.

그리고 무엇보다 토지임대부나 환매조건부 등의 집(건물)은 감가상각되기 때문에 매매 시 재산가치가 떨어져 차익을 기대할 수가 없다. 게다가 20~30년 후에 단지가 노후할 때조차도 건축을 다시 할 권리는 건물주가 아닌 정부에게 있으며, 건설사조차도

이익이 남지 않는다고 생각하기 때문에 처음 지을 때부터 졸속 시공을 할 우려가 많아 집으로서의 가치가 떨어질 수 있다. 따라서 분양가를 반으로 맞춰준다 해도 토지임대료를 받고 환매조건을 내건 이상 반값아파트는 큰 의미가 없다.

그러면 앞으로의 집값은 어떻게 될까? 분양가상한제, 분양원가공개, 반값아파트 때문에 떨어지진 않을까? 집값이 계속 폭등하자 얼마 전부터 정부는 아파트도 '적정가'를 책정할 필요가 있다고 생각했다. 그래서 후분양제, 분양가상한제, 분양원가공개, 반값아파트 등의 제도를 만든 것이다. 그러나 집은 토지가격이나 공사비만을 포함하는 것이 아니라 환경과 문화까지 포함하는 가치이기 때문에 '적정가'를 정한다는 것 자체가 무리다.

집값은 현재 단기적으로는 약보합이나 장기적으로는 상승의 여지가 있다. 세계 부동산 시장의 지표가 되는 영국의 집값을 보면 아직까지 상승세를 타고 있기 때문이기도 하고, 우리나라의 수도권 과밀화 현상 때문이기도 하다.

이것은 앞서 언급한 부동산 가격 결정 원리에서 보듯 인구변화에 따라 수요가 많아졌기 때문인 것으로 보이는데, 우리나라도 아직까지 집을 구매할 20~40대 수요인구가 늘어나고 있으므로 향후 5년 이내는 상승추세라 할 수 있다.

공급이 더 늘어나진 않을까? 그래서 집값이 하락하지 않을까? 건설업체들은 택지비를 시세가 아닌 감정가로 책정한다는 점에서 싸게 공급되는 땅을 찾게 되어 있다. 따라서 도심에서의 수요는 늘어나고 있는데 외곽의 싼 땅이나 지방에만 공급이 이뤄지니 도심의 주택은 자연히 반사이익을 보게 될 것이다.

즉 분양가상한제로 인해 앞으로 가격이 적정선에서 멈추면 건설사들은 품질을 개선할 노력을 하지 않게 되어, 반값아파트 등 분양가상한제를 적용받은 아파트는 오히려 '품질이 떨어지는' 아파트로 졸속시공되거나 이익이 없으므로 건설사가 아예 짓지 않게 될 우려가 있다.

이와는 상대적으로 브랜드가치를 높여 품질혁신을 이룬 아파트는 오히려 가격이 급등하게 될 수 있다. 또 청약 경쟁이 높아지면서 청약자격조건을 유리하게 하기 위해 수요자들은 전세를 살게 될 것이고 그로 인해 전세난은 계속될 것이며 이는 집값 상승을 부추기는 결과를 초래할 수도 있다.

즉 후분양제도가 활성화되고 반값아파트 정책이 고착화되어 정부 정책이 실현될수록 주택 가격은 더욱 상승할 여지가 있다.

집을 사는 것! 혹은 집을 사지 않는 것! 어느 쪽이든 선택은 당신의 몫이다. 집을 사지 않아서 오히려 좋을지 모른다고? 세금을 안 내서 좋다고? 세입자로 계속 살겠다고? 집값이 폭등하던 때를 생각해보라. 어디서든 웅성웅성 온통 집값 얘기뿐이었다.

'오를 만큼 올랐다, 버블이다'라고 아우성쳐도 살아가는 데 있어 의식주의 하나인 집은 반드시 필요하다. 당신이 살고 있는 곳은 '길거리'가 아닌 '집'이다. 집을 떠나 인간은 거주할 수 없다는 것을 기억하라. 언제까지 집값이 오를 때마다 요동치는 마음으로 힘든 시간을 보낼 것인가?

내집은 생존권이다. 살아가면서 반드시 필요한 권리인 것이다. 집값이 니무 비싸다고 변명하지 말아라. 자신의 상황과 현실, 그리고 이상에 한 발짝 다가가는 내집마련을 하려고 애써라. 노력은 결코 배신하지 않기 때문이다.

정부의 정책만을 믿고 내집마련할 시기를 한없이 기다리는 것은 너무 안일하고 순진한 태도이다. 정부는 당신의 내집마련과 당신의 인생 전반에 걸쳐 책임을 갖고 관심 가져줄 만한 여력이 없다는 것을 명심하자.

내집마련을 했다면
걱정하거나 불안해하지 마라

정확한 분석과 검증, 확신을 가지고 주거와 수익을 만족할 만한 곳에 내집마련을 했다는 생각이 들면 더 이상 불안에 떨지 말아라.

혹자가 얘기했듯이 지금 걱정하고 있는 문제들, 사소한 근심거리들, 앞으로 일어날 일에 대한 부정적인 생각의 40%는 절대 일어나지 않을 사건들에 대한 것이고 30%는 이미 일어난 사건들, 22%는 사소한 사건들, 4%는 우리가 바꿀 수 있는 사건들에 대한 것들이다. 나머지 4%만이 우리가 대처해야 하는 진짜 사건이고 96%는 쓸데없는 걱정거리인 셈이다. 다시 말하면 정말 일어날 사건은 100분의 4도 되지 않기 때문에 내집마련 후의 걱정과 불안은 그야말로 괜한 걱정거리라는 것이다.

얼마 전 파주에 집을 샀다는 20대 후반의 기혼여성에게 메일을 받았다. "비록 중소형 평형이지만 집을 사서 기쁘다. 그런데 집값이 떨어지면 어떻게 하나"라고 불안감을 호소해왔다.

나는 집을 산 것을 축하해주면서 "일단 샀다면 불안해하지 말 것"이라며 조언해주었다. 그러자 다시 메일이 왔다. "집값이 떨어지지 않고 그대로만 있어도 좋겠다"는 내용이었다.

집을 사고 나서 많은 사람들은 불안을 겪는다. 나 역시도 불안감이 있기는 마찬가지였다. 내가 집을 산 직후에 급격한 하락기가 시작되었으니 말이다.

그러나 집을 샀다면 걱정할 필요가 없다. 이미 집을 샀는데 어쩌겠는가? 걱정한다고 도로 물릴 수 있는 것도 아니고 말이다. 집값이 계속 떨어지는 것만 아니라면 집을 사고 나서 당분간은 귀를 닫고 사는 것이 낫다.

많은 사람들이 '집값이 오르지 않을까봐' 근심한다. 하지만 그것은 근심할 것이 못된다. 편하게 행복을 만끽하고 살다가 양도세를 물지 않는 거주 기간 이후에도 정말 그 지역, 그 집이 문제가 있다고 생각되면 그때 집을 옮기면 된다.

앞에서 언급했듯이 수익은 정말 중요하다. 하지만 수익보다 더 중요한 건 마음의 평화와 안정이다. 수익이 나지 않으면 어떤가? 내집마련은 안락하고 평화로운 삶을 보장하며 사는 사람에게 행복함을 선사한다.

집을 사놓고 그 집에서 불안해하고 평정심을 잃는 것은 바보짓이다. 걱정하거나 근심하는 것은 삶에 어떤 도움도 주지 않는다. 단기적으로 수익이 나지 않는다고 걱정하지 말아라(집값은 집을 산 직후에 수익률을 계산할 수 없고 집을 산 후 대략 3년 정도 지나야 수익률을 계산할 수 있다). 걱정보다는 여기서 평생 살 것인지 옮길 것인지 생각해보며 미래에 행동할 요령과 목표를 세우고 갈아타기 전략을 세우는 것이 낫다.

여자의, 여자에 의한, 여자를 위한 내집마련

요즘은 주위 사람들을 봐도 재테크 관련 사이트에 들어가도 온통 내집마련을 하려는 사람들로 가득 차 있다.

"올해는 정말 내집마련 해야 하는데……."

그런데 대부분의 사람들은 이렇게 말만 던져놓고서는 '지금은 돈이 없어서', '상황이 안 좋아서' 등의 이유로 내집마련을 미루기만 한다. 한마디로 '돈과 상황'에 따라 내집마련을 하겠다는 말인데, 그런 요소들이 중요한 것은 사실이지만 집을 사는 것은 단순히 '돈과 상황'만으로 되는 것은 아니다.

일례로 8천만~1억 원 정도의 종자돈을 모은 상태고 미분양이 넘쳐나거나 기존 주택의 가격이 하락하는 절호의 기회가 있다 하더라도, 내가 내집마련에 대한 원칙과 확신을 갖고 행동하지 않는다면 내집마련은 절대 이루어지지 않는다.

이 책의 핵심은 '여자의, 여자에 의한, 여자를 위한 내집마련'
이다. 이 책은 단순한 '책'이 아니다. '집이 없는 모든 사람, 특히
많은 여자들에게 그녀들의 인생을 책임질 만한 집을 마련하는 데
선한 도움을 주고 싶은 나의 진심어린 마음과 애정'이다. 금과 은
은 내게 없지만 내가 가진 것을 아낌없이 나누고자 하는 생각으로
쓴 것이다.

현재와 미래의 심리적, 경제적 안전을 책임질 집을 마련하기
위해서 어떤 원칙을 가져야 하는지, 종자돈은 어떻게 만들 것인
지, 어떤 집을 골라야 하는지, 대출을 하고 계약을 할 때는 어떤
점에 유의해야 하는지, 내게 있는 노하우와 비결을 모두 알려주
고 동기부여해주고 싶은 간절한 마음으로 썼다.

글이 가진 한계성이 있긴 하지만, 일일이 만나 "이렇게 하세요,
저렇게 하세요"라고 말해줄 수 없기 때문에, 또 많은 이들의 시행
착오를 줄여주고 싶었기 때문에 이 글을 썼다.

지역적인 한계성으로 인해 서울과 수도권 및 대도시에만 국한
된 범위 내에서 썼다는 점과 아직 내집마련을 하지 못한 재테크
초보자들을 대상으로 썼다는 점 양지해주길 바란다.

지금 이 글을 쓰고 있는 나 역시 집에 대한 간절함을 갖고 있었
고, 내가 땀 흘려 모은 귀중한 돈으로 내가 원하는 최적의 집을 찾
기 위해 수없이 생각하고 고민했다. 그 과정에서 얻은 것들을 함
께 나누고 더 많은 사람들이 최고의 내집마련을 했으면 좋겠다.

이 시대 최고의 출판사인 다산북스를 만나 즐겁게 작업할 수 있었던 것, 참으로 소중하고 감사하다. 다산북스의 쾌걸남아 김선식 사장님, 재치 있는 신혜진 팀장님, 모든 수고를 마다하지 않고 일해주신 브레인딕셔너리 신현숙 프로젝트 매니저님, 자상하고 따뜻한 임영묵 팀장님, 편집하고 그림 넣고 애쓰고 수고해주신 모든 분들께도 감사를 드린다.

역경의 풍파를 딛고 일어나 삶을 어떻게 살아야 하는지 지혜의 모범으로 가르쳐주신 부모님에게도 감사드린다. 사랑하는 신랑에게도 항상 너무 고맙고 감사하다.

그리고 이 모든 일을 주관하시고 이뤄주신 하나님께 모든 영광과 감사와 사랑을 돌린다.